日本国憲法の制定過程

大友一郎 講義録

庄司克宏［編］
SHOJI Katsuhiro

千倉書房

はしがき

編者が最初に大友一郎先生にお会いしたのは、慶應義塾大学法学部法律学科三年生のとき、先生の講義「日本国憲法制定過程」を受講したのがきっかけであった。場所は三田キャンパス第一号館二階の中央にある教室で、先生はいつもグレーのスーツに身を包み、白のシャツに黒っぽいネクタイをしめていた。小柄だが、マイクを使わなくてもよく通る大きな声で話され、板書の際も白いチョークを毛筆のように使った大きな字を書かれていた。先生の熱意が伝わってくる、とてもわかりやすい講義であったことを憶えている。それまで履修した授業の大半が法律解釈論であったため、科目名にもあるように制定過程を踏まえた憲法の講義はとても新鮮に感じられ、編者が法律学科在学中、最も熱中した授業であった。

大友先生は、第一回の授業の冒頭で、いきなり、次のように述べた。日本国憲法は「異常」な制定過程を経たのであり、ポツダム宣言の発出と受諾にその源がある。なぜ日本に対してポツダム宣言が発出され、日本はそれを受諾しなければならなかったのか。そのような成り立ちは、日本国民が至らなかったためであり、その原因を理解して自省すべきである。日本国憲法は、戦争と平和の問題なのである、と。

そうした問題意識から、まずアメリカを中心とする連合国の戦後処理政策の形成にさかのぼってポツダム宣言の成立の背景が説明される。次いでポツダム宣言の適用として、それを受諾した日本に同宣言に適合した憲法改正の義務があるにもかかわらず、日本政府で憲法改正作業を担当した松本烝治国務大臣がそれを正確に理解しようとしなかったことが指摘される。その結果、松本案は総司令部により拒否され、代わって総司令部案が提示されることになる。それを基に日本政府案が国民に公表され、総選挙を経て議会で審議され、若干の修正を受けて可決成立するに至った。このように、日本国憲法の制定はポツダム宣言の実行としてなされたのであり、その条件として日本国民の自由意思とともに、連合軍の占領管理という二面性が存在したことがわかる。

以上の過程を踏まえ、日本国憲法の原理としての平和主義、国民主権および基本的人権が、全体的文脈と相互関係を通じて、また、司法権の役割と限界を意識しつつ語られ、日本国憲法制定過程の授業は最終回を迎えたのであった。

大友一郎先生は、大正四(一九一五)年に宮城県で生まれ、昭和一六(一九四一)年三月に東京帝国大学法学部を卒業された後、内閣法制局に勤務された。とくに昭和三一(一九五六)年七月に憲法調査会事務局参事官、昭和三九(一九六四)年一〇月には内閣法制局参事官・憲法資料室長に就かれた。内閣法制局を退官後は、昭和五一(一九七六)年四月より中央大学大学院法学研究科非常勤講師を務められるとともに、昭和五四(一九七九)年四月からは日本大学法学部教授(憲法)に就任された。慶應義塾大学では、昭和五二(一九七七)年四月から平成三(一九九一)年三月まで、法学部および大学院法学研究科の非常勤講師として教鞭をとられ、平成一一(一九九九)年夏、惜しくも逝去された。

憲法に関する主要な著作としては、高柳賢三・大友一郎・田中英夫編著『日本国憲法制定の過程――連合国総司令部側の記録による』(有斐閣、一九七二年)や、「日本国憲法が、天皇による帝国憲法の改正とされつつ、日本国民によって制定されて成立したことについて」『日本大学法学部創立百周年記念論文集　第一巻』(日本大学法学部、一九八九年)などがある。

大友先生には、法律学科在学時からひとかたならぬお世話になった。しばしば小田急線沿線のご自宅にお邪魔しては、奥様手作りの夕食をご馳走になりながら、先生ご自身の内閣法制局での体験談を交えた日本国憲法についてのお話しに、時を忘れて聞き入った。今から思えば、かけがえのない貴重な機会であった(大相撲がお好きで、終盤の取組のときだけは例外的にテレビに見入っておられた姿が思い出される)。その後、編者は政治学科に学士入学し、大学院法学研究科修士課程に進学することとなった。欧州統合と司法権をテーマに研究するかたわら、大学院でも「日本国憲法制定過程」を履修した。

博士課程に進学した際、故田口精一教授（憲法）から「大友先生は日本国憲法制定過程の生き字引であり、授業内容を保存のために講義録としてまとめてほしい」との依頼を受け、もちろん快諾した。本書は編者が改めて受講した、昭和六〇（一九八五）年度の法律学科の授業を中心に、昭和五九（一九八四）年度、および昭和六〇（一九八五）年度の大学院での授業内容を補充的に使用しながら、「日本国憲法制定過程」講義録としてまとめたものである。それぞれの授業でとったノートをもとに、手書きで原稿用紙に文章化する作業を行った。その後、自分の研究にかまけて年月だけが過ぎていったが、二〇一〇年にようやく慶應義塾大学法学研究会の紀要『法學研究』に公表することができた。その際には、大沢秀介教授（憲法）に多大なご支援を、また、小山剛教授（憲法）にも様々なご助言をいただいた。

こうして田口先生との約束を果たし、大友先生の講義録をまとめることで、日本国憲法制定過程について自分の役割は終わったと思っていたところ、思いがけず千倉書房の神谷竜介氏から、本書刊行のお誘いを受けた次第である（おかげで本書は日の目を見ることができた。神谷氏にはいくら感謝してもしきれない気持ちである）。第九条を中心に憲法改正の議論が高まる中、わたしたちは今一度、大友先生の問題意識、すなわち、日本はなぜポツダム宣言を受諾して日本国憲法を制定しなければならなかったのかという原点に立ち返って沈思熟考する必要があるのではないか、と考えている。

本書の刊行に当たっては、大友先生の長女・笹野愛子様と次女・笹野厚子様からご理解とご許可を頂戴したことに心より感謝申し上げたい。また、大沢秀介先生には、解題をご執筆いただき、再びご支援を頂戴することになった。この場を借りて、改めて謝意を表したい。

平成二九(二〇一七)年八月一五日

庄司克宏

日本国憲法の制定過程――大友一郎講義録

目次

日本国憲法の制定過程——大友一郎講義録

凡例

1　各章末の日付は、大友一郎先生による原講義が行われた年月日を表している。

2　註は編者（庄司）によって付され、各註文末の日付もその註が拠った講義の行われた年月日を示している。

3　巻末の関連年表および資料は大友先生が作成し、講義でも使用した『資料集』に基づいて作成した。

1 序論——日本国憲法制定過程の性格

この講義は、次の二つのことにより、日本国憲法の意味内容をより深く理解することを目的とする。それは第一に、日本国憲法がいかなる成り立ちを経て制定されたかについて全体的に考察することである。第二に、日本国憲法の前文および各章について、とくにそれらのうち、平和主義、国民主権、基本的人権の尊重という日本国憲法の原理を示す規定について、それぞれがどのようにして成り立ったかを分析的に考察することである。

日本国憲法は、普通ではない成り立ち、異常と言ってよい制定過程を経た。国家のあり方を決める憲法はその国家自身によって決定されるのが当然のことであり、それが通常である。しかし日本国憲法については、その原案は日本国民が考えて作ったものではなく、占領軍総司令部が書いて日本政府に提示したものであった[★1]。では、この原案はどのような考えから出てきたものであるのかが知られなければならない。次に、そのなかの、例えば、第九条の規定はなぜ置かれたのか、また、いったいどうして考え出され、どういう意味のものとして作られたのか。これらの点を知ることは、第九条のよりリアルな理解のために必要である。第九条が端的な例であるが、この規定は、制定に至るまでいくつかの変化を経ているのであって、条文主義的、文理解釈的把握だけでは不十分である［★2］。

それからまた、日本国憲法の制定過程は普通ではなく、通常の憲法制定の法理とは大きく異なるものであるがゆえに、この過程を理解することは学問的に意味があるということにとどまらず、このような過程をたどったということを国民として心得るべきである。

さて、日本国憲法の制定過程のあらましは、以下のとおりである［★3］。日本は太平洋戦争に敗れ、その結果、連合国の占領下に置かれることになった。占領軍は日本政府に対し、憲法を改める必要がある旨を告げ、日本政府は憲法改正案を作ることに着手した。しかし、日本側の案である松本案は占領軍により拒否された。それに代わって総司令部案（マッカーサー草案）が作られ、日本政府に提示されたが、日本政府は結局これを受け容れた。これにある程度日本側の考えが入れられた後、憲法議会に提出され、その審議を経て可決成立に至ったのである。

当時、このような制定の過程はまったくの秘密であった。それを知る者も言ってはならぬこととされ、そのため新聞雑誌にも報道されなかった。しかし昭和二五［一九五〇］年秋、総司令部側がこの秘密を明らかにしたのをきっかけとして、日本側でも当時の事情が語られるようになり、このような制定の過程が次第に明らかとなっていった。それによって指摘され強調されるようになったことは、この過程の異常性であった。その異常性とは、一国の憲法の制定が占領管理の下でなされ、しかも総司令部側から案を提示され、それを基礎に採択されたということである。

この点に端を発して、いわゆる「押しつけ憲法」論、すなわち、日本国憲法は占領軍から案を突きつけられ、圧力を加えられてやむを得ず日本が受け容れたものであるという主張がなされるようになった。そのような動きを背景として憲法調査会が設置され、憲法改正の要否が検討された。しかしこのような見方は憲法調査会の事実調査の過程とともに昭和三五［一九六〇］年くらいまでで薄れてくるのであり、それは日本国憲法の制定過程の全貌がほぼ明らかになってきたからである。とはいえ、日本国憲法の制定が占領管理の下になされ、かつ占領軍によって案を提示されたという事実そのものは、今日でも忘れられてはならないことである。なぜならば、我々日本の憲法だからである。

しかしこの問題を「押しつけ」論的に捉えたり、また表面的に見て云々すべきではない。どうしてそのような異常さが出てきたのか、なぜ日本は占領下に置かれ、なぜ占領軍が案を作ったのか、を知るべきである。そのような日本国憲法の成り立ちは、日本国民が至らなかったためであると考えられる。その原因・理由を明らかにして自省すべきものとしなければならない。

そもそも憲法とは何であろうか。それは第一に、国民と国家の関係について、国民は基本的人権をもつ等と定めるものである。第二に、国家の組織および作用について、国民主権、三権分立をとる等として定めるものである。第三に、国家は国際社会の中の一員であるゆえに、憲法は新しい現象として、国際社会における国家の在り方について、国際協調、平和主義等をとると定めるものである。これら三つの側面の現れ方は、憲法によって異なる。その違いは何よりも原理について現れる。

例えば、日本国憲法［一九四七年施行］と明治憲法［一八九〇年施行］を比較するならば、前者は基本的人権、国民主権および平和主義を定めている。これに対して後者は、臣民としての権利、天皇主権を定める一方、国際社会における国家の在り方については何らの規定もなかった［★4］。日本国憲法の原理のうち、最大の特徴は平和主義にある。憲法の原理として平和主義がとられているのは我々の憲法だけである。改正当時の日本国民にとっては真に驚きであった。それは、旧憲法とは異なる原理のためであり、日本の国の在り方が根底から変わったからであった。

憲法は、その原理を示す条文とそれを働かせるための条文から成る。例えば国民主権と参政権、基本的人権の尊重と違憲立法審査権の規定はそのような関係にある。また、憲法の制定には二段階があって、まず原理が決定され樹立されて、次いでその原理を働かせる一連の条文すなわち憲法典が作られるのである［★5］。それゆえ、日本国憲法の制定過程についても、原理の樹立とその法典化という二段階に応じて検討されなければならない。

天皇主権を原理とする明治憲法に関しては、その原理は日本が欧米列強に伍する近代的統一国家となるため、明治維新の際、大政奉還［一八六七年］および五カ条の御誓文［一八六八年］により樹立された。これが条文化、法典化されることによって、明治憲法典の制定となったのである。また、フランスの一七九一年憲法はフランス革命の成果を確保し、持続させるために制定された憲法典であるが、その自由平等という原理の決定は人権宣言［一七八九年］にあった。人権宣言は、自由・平等という目的、理想を掲げたものであるが、憲法典として法典化されたとき、それらは実定的な権利となったのである。さらに、アメリカの独立宣言［一七七六年］とアメリカ憲法［一七八八年発効］も同様の関係にあると言える。

日本国憲法の場合、その制定過程は、原理の樹立においても法典化においても普通ではなかった。我々は、なぜ日本に対して連合国軍による占領がなされたのか、また、なぜ総司令部が案を作成したのか、を考えなければならない。それは、連合国から発せられたポツダム宣言を日本が受諾したからである。その宣言には、日本を占領管理の下に置くと書かれており、日本はそれを認めたのである。次いで、そのような占領管理の下に、日本国憲法が第二次世界大戦後の日本の行き方、在り方を定めるものとして制定されたのである。

このように、日本国憲法の制定過程の異常性は、ポツダム宣言の発出と受諾にその源がある。ポツダム宣言は、太平洋戦争の終結に当たって連合国が日本に要求し、日本がこれを受諾したものである。このポツダム宣言要求の受諾によって、日本国憲法の原理の樹立がなされた。すなわちそれは外からもたらされたものである。次いで、その要求を履行するものとして憲法典の制定がなされたのである。

では、なぜ日本に対してポツダム宣言が発出され、日本はそれを受諾しなければならなかったのか。

アメリカを中心とする連合国が、第二次世界大戦後において今後は戦争のない国際社会を実現しようと考えたことが、発想の根本にあった。その構想は、第一に、平和を乱す枢軸国を無条件降伏させた後、平和をめざす国家、つまり基本的人権を尊重し、国民主権のうえに立つ平和な国家に改造するということであった。第二に、国際社会に国際連合を樹立してそれらの国々をも加盟させ、それによって平和を維持し、かつ世界人権宣言〔一九四八年〕によってその考えの根底に人権を置くというものであった。

このような構想を達成するための一環として日本に対して出されたのがポツダム宣言であった。同宣言の要求は、日本が基本的人権の尊重を確立し、国民主権を採用して平和を志向する国家になるということであった。ポツダム宣言に基づき、連合国は日本の国家改造を権利として要求する立場に立ち、日本はそれを義務として履行する立場に立ったのである。

日本に対する連合国の当時の行動は、長い調査研究と周到な考慮に基づくよく考えられたものであった。昭和一六〔一九四一〕年一二月、日米は太平洋戦争に突入したが、早くもその一一カ月後の昭和一七年一一月、アメリカ国務省において、日本の国家機構の改革に関する研究チームが発足し、活動を始めた。それによって、対日戦後処理計画の立案が着々と進められていった。ポツダム宣言は、このように積み上げられた戦後処理計画の日本に対する具体的適用であった。同宣言の眼目は日本の国家を改造することであり、日本はそれを受諾した結果、義務付けられたものとして憲法の制定を行うことになるのである。以上のように、日本国憲法の制定は国際的現象として捉えるべきである[★6]。それは国際社会の平和を目的とするものであった[★7]。

これらの点をよく踏まえたうえで、次に、ポツダム宣言は具体的にはいかなる内容のものであるか、また、同宣言以前の探求として、何故に国家の改造が考え出されたのか、さらに、なぜ日本はポツダム宣言を突きつけられ、受諾することになったのか等について順次考えなければならない。

（昭和六〇［一九八五］年四月九日）

註

［★1］日本国憲法前文には「日本国民は……この憲法を確定する」とあるが、この前文でさえ総司令部が起草したものである。（昭和六〇［一九八五］年四月九日大学院）

［★2］また例えば、日本国憲法第一三条の規定については次のように言える。同規定はアメリカの独立宣言に由来するが、制定当時の日本にそのような発想は存在しなかった。それは当初、精神的・訓示

的規定ととられていた。しかし、第一三条の原案はアメリカ人が独立宣言を意識しつつ前文の規定として書いたものであり、訓示的にとられるべきものではない。それは現在では、深い広がりを持つ規定と考えられている。(昭和六〇[一九八五]年四月九日大学院)

[★3] 日本国憲法制定過程に関する根本資料は多い。例えば、高柳賢三・大友一郎・田中英夫編著『日本国憲法制定の過程Ⅰ、Ⅱ』(有斐閣、昭和四七[一九七二]年)は、日本国憲法の原案が作られる頃のものを扱っており、総司令部案ができあがっていく過程の資料である。これより前の過程の資料に関しては、佐藤達夫著『日本国憲法成立史』(全二巻、有斐閣、昭和三七[一九六二]年)がある。なお、著名な憲法学者が執筆した憲法の教科書において、日本国憲法制定過程がどのように説明されているか、読むことが勧められる。(昭和六〇[一九八五]年四月九日大学院)

[★4] 明治憲法第一一条は天皇の軍に対する統帥権を定めており、国務大臣並びに内閣はそれに口出しできないことになっていた。そのため、明治憲法においては軍国主義に対する防波堤が存在しなかった。(昭和六〇[一九八五]年五月七日大学院)

[★5] 革命や独立の時に立ち上がる目的が憲法の原理となり、その後にそれを確保するために憲法典が制定される。憲法典においては、原理の展開として様々な条文が定められる。このように、憲法においては、まず目的ないし理念、理想が存在する。しかしこれだけでは不十分であり、それらの実現のためには、力すなわち目的と結びついた力が必要となる。憲法制定権力とは理念、理想、目的によって動く政治的な力であって、単なる実力ではない。憲法は理念と政治的な意思および力との結合から出てくる。言い換えれば、政治の動きのうえに憲法が作られる。憲法の制定前の段階は政治であり、その後の段階から法的なものとなるが、しかしそこにおいても多分に政治的である。また、憲法の規定においても政治的な側面が含まれる。(昭和六〇[一九八五]年四月九日大学院)

［★6］国際的現象という点で日本国憲法は、ドイツ憲法及びイタリア憲法と共通の存在である。（昭和六〇［一九八五］年四月九日大学院）

［★7］日本国憲法は、国際連合および世界人権宣言と同じ根から出ており、普遍性を有している。国際連合および世界人権宣言は、基本的人権を基礎とする平和を理念として新しい秩序を国際社会に確立することを目的とする一方、日本国憲法もまた基本的人権を核心とする平和を目指している。これまでの日本国憲法の理解には、まだ広さが欠けている。それは国際的な成立の仮定を経ているゆえに、それを理解するために国際的視野が必要とされる。（昭和五九［一九八四］年四月一〇日大学院）

2 ポツダム宣言と日本国憲法

ポツダム宣言とはどのようなものであったか。また、同宣言と日本国憲法との関係はいかなるものであったか。

日本国憲法は、ポツダム宣言の要求条件の受諾およびその実行として制定された。つまりそれは同宣言の要求条件が発展的に具体化されたものである。同宣言は連合国が発出し、日本が受諾した結果、それは守られなければならないものとなった。合意は拘束するからである。このように、国際的現象として日本国憲法は制定されたのであるから、これを日本の国だけのこととして見てはならない。では、日本国憲法の制定過程において、日本国民の意思はどのように働いたか。日本側のアクションもあり、日本国民の意思も影響を与えたことは事実である。しかし、断然ウェイトを占めたのは、連合国の意思、つまりポツダム宣言であった。

ポツダム宣言は、太平洋戦争がもう終わろうとしていた一九四五年七月二六日、ドイツのポツダムにおいて発せられた。発出の主体は米英中三国であり、この時点でソ連はまだ加わっていない。ポツダム宣言は第一に、日本に対する戦争終結つまり降伏の呼びかけであり、第二に、連合国の日本に対する要求条件を示すものである。このうち最大のポイントは日本の国家改造であり、その柱となるのが基本的人権、国民主権および平和主義であった。第二次大戦より前の戦争では、その処理は領土、賠償、政権交代等の範囲のことであった。しかし第二次大戦の際、アメリカが着想したのは、そのような従来の後始末ではまた戦争が起こるゆえに、日本やドイツの国家を改造し、基本的人権を核心とする国民主権の国家とすること、また、基本的人権の最大の脅威たる戦争をしないよう、それらの国に平和主義をとらせたことであった。さらに、ポツダム宣言は無条件に受諾することを要求し、日本側から条件を出すことを認めなかった。それゆえ日本の降伏は、ポツダム宣言の要求条件を無条件でのむという意味における無条件降伏であった。

ポツダム宣言はその副題を「日本国ノ降伏条件ヲ定メタル宣言」としているが、その要求条件は目的としての条件と方法としての条件に類別される。目的としての条件とはつまり、平和主義、国民主権および基本的人権である。第一にポツダム宣言第六項は軍国主義の駆逐、第七項は日本の戦争遂行能力の破砕、第一一項は再軍備のための産業を認めないこと、また第一二項は平和的傾向を有する政府となることを掲げている。これらは平和主義を示すものである。第二に第一二項は責任ある政府の樹立[★8]、すなわち国民に対して責任を負う国家機構の樹立を掲げて、国民主権を示している。第三に第一〇項は、基本的人権の中で根本的である精神的自由つまり言論、宗教および思想の自由をとくに明示しつつ、基本的人権の尊重の確立を謳っている。

次に、方法としての条件とは、第一に第七項が示すように、目的達成のため、日本は連合国軍の占領下に置かれるということである[★9]。第二に第一二項が示すように、日本国民の自由に表明する意思によって行うということである。これら二点は、国家の改造は外国の物理的強制のみによるべきではないが、しかし日本国民だけではできないと判断されたことに由来する。以上のようにしてポツダム宣言は日本国憲法の原点たる性格を帯びた。

ポツダム宣言受諾に伴って、日本の在り方が大きく変えられることが要求されたため、同宣言に対して日本政府は容易に回答することができなかった。とくに同宣言には天皇の件が出されていなかった。それは意識的に出すことが避けられたのであるが、同宣言の目的に照らして天皇の問題が考慮された。日本政府は、天皇の問題がはっきりしないため、天皇の在り方が根本から変わるおそれを感じたのである。しかし、八月六日の広島への原爆投下、八日のソ連の対日参戦、九日の長崎への原爆投下と事態は進行した。その結果、九日夜の御前会議においてポツダム宣言受諾について賛否相半ばしたのをうけて、天皇自身が戦争をやめることを決定した。

八月一〇日、日本政府は連合国に申し入れを行い、天皇の国家統治の大権に変更がないとの了解の下にポツダム宣言を受諾する旨通告した。これに対して八月一一日(日本では一二日)、連合国は回答を発し、第一に降伏の時より天皇および日本国政府の国家統治の権限は連合国最高司令部の制限の下に置かれること、第二に日本国の最終的政治形態はポツダム宣言に従って日本国民の自由に表明する意思によって決定されることが示された。この回答は天皇の問題について明確には答えていなかったため、その解釈をめぐって再び御前会議の意思は半々に分かれた。しかし天皇は「あちらはよく考えてくれているように私には思われる」と述べて、ついにポツダム宣言の受諾を決定したのである。八月一四日、ポツダム宣言受諾に関する詔書が国民に発布されるとともに、連合国に対してポツダム宣言受諾の通告がなされた。さらに八月一五日には天皇がはじめてラジオを通じて国民に語りかけ、終戦が告げられた。

ポツダム宣言に基づく日本の無条件降伏により、ついに戦争は終結した。それによって日本は国家を改造する義務を負った。国家の在り方を定めるものは憲法であり、それゆえ日本の国家の改造の仕上げは、新しい憲法の制定を意味した。ところが、当時の日本人にはこの点がよく理解できなかった。ピンとこなかったのである。しかし例えば、基本的人権尊重の確立は憲法の制定なくしてはありえなかった。なぜならば、それまで明治憲法下において基本的人権はいわば空中に浮いているような存在だったからである[★10]。このようにポツダム宣言受諾は、新しい憲法の制定を決定づけるものであった。

ポツダム宣言第五項によると「右ニ代ル条件存在セズ」、また、第一三項によると「右以外ノ日本国ノ選択ハ迅速且《かつ》完全ナル壊滅アルノミトス」とあるように、同宣言に基づく合意は命令的な合意であった。つまり日本はポツダム宣言を絶体絶命のものとして受け容れざるをえなかったのである。しかし日本国憲法自体を否定する人はほとんどいない。それは日本国憲法の原理が人類普遍の原理であり、普遍性を有するからである。厳然たる力によるものではあったが、そのような原理の国家になることを求めたのがポツダム宣言であった。そのような厳しさの中から、日本国憲法の原理は出てきたのである。しかし一方、ポツダム宣言は日本国の存在および天皇とその政府の存在を認めており、また第一三項は日本に対し、誠意(good faith)を求めている。このようにポツダム宣言は相互の人格を認め信頼を予定して書かれており、人類の理想を高く深く考えて発せられたのである。

ポツダム宣言受諾の結果、それは国際的合意(international agreement)となった[★11]。それは、日本がその要求条件を実行する義務を負う一方、連合国側がその権利を持ったことを意味した。この点はドイツとは対照的であった。ドイツにおいては戦争の結果、ドイツ政府は存在しなくなったため、そこには国際的合意に基づく関係はなかった。これに対し、日本には天皇およびその政府の存在が認められ、いかに命令的なものであるとはいえ、合意つまり法的な権利義務関係が日本と連合国の間に存在したのである。

日本は新しい憲法の制定に対して受動的であるという基本的性格を帯びた。なぜならば、日本国憲法の原理の定立はポツダム宣言の受諾においてなされたからである[★12]。この原理の定立自体が日本国憲法において受動的であった。一方、日本国民が新しい憲法を作る担い手とされたが、ポツダム宣言を受諾したのは天皇およびその政府であった。また、それとともに天皇は消え去るのではなく、存続するとされた。憲法制定権力は日本国憲法においては日本国民であった。しかし、日本が連合国の占領下に置かれる一方、国内において日本政府が一つの担い手であり、また日本国民がもう一つの担い手であるという複雑な事情が存在した。このように日本国憲法の制定は国際性という広がりをもつと同時に、担い手の複合性を有したのである。

すでに述べたとおり、日本はポツダム宣言によって連合国の占領管理の下に置かれる一方、それまでの日本の在り方から新しい在り方への切り換えは、日本国民の自由に表明する意思によって行うこととされた。占領管理と自由な意思は、割り切って言えば矛盾する。しかし、なかなか難しいことではあったが、完全に矛盾するものではなく、どちらも必要なことであった。なぜならば、ポツダム宣言は日本の国家の在り方を根底から変革することを狙っていたからである。そのためには日本側の単なる受諾だけではなく、連合国が日本を占領管理する必要があった。しかし日本の国家の在り方の切り換えは、物理的要素のみでは不可能であり、日本国民が自らの意思で行う必要があった。それゆえ、占領管理と自由意思のいずれも必要とされたのである。両者を両立するものとして結びつけるのは、連合国が日本の新しい在り方を要求する一方で、日本国民もポツダム宣言のめざす目的を理解して受けとめることであった。しかし日本側の受けとめ方が十分でなかったため、複雑な制定の過程が日本国憲法に生じることとなった。

（昭和六〇［一九八五］年四月一六日、三〇日）

註

［★8］責任ある政府（responsible government）の樹立とは、リンカーンの有名な言葉に示されているように、「人民の、人民による、人民のための政治（government of the people, by the people, for the people）」の実現を要求するものに他ならない。（昭和六〇［一九八五］年四月一六日大学院）

［★9］ポツダム宣言は、日本に対して軍の無条件降伏を要求しており、その受諾によって日本は武装解除された。そのようにして日本が連合国軍の占領下に置かれたのである。それは、対外的には国家権力の最高性が否定されること。また対内的には日本政府が占領者によってコントロールされることを意味した。（昭和五九［一九八四］年四月二四日大学院）

［★10］明治憲法においては、天皇主権のもと、臣民としての権利が法律の留保のもとに認められているにすぎなかった。また、命令による権利の制限が可能であり、その結果、国民の権利は薄くて弱いものであった。それは基本的人権とは質的に異なる。明治憲法制定当時、臣民には分際あるのみ、という森有礼の言葉が示すように、そもそも臣民に権利を与えるのはとんでもないことである、という考え方であった。（昭和六〇［一九八五］年四月一六日、五月七日大学院）

［★11］ポツダム宣言は連合国側によって一方的に発出されたが、日本はそれを受諾したのであるから、そこには日本国の意思が少ないながら働いており、両者間に合意が成立したといえる。アメリカ国務省もポツダム宣言原案において、もしそれが受諾されるならば、国際協定を構成すると考えていた。なお、ポツダム宣言の発出および受諾はラジオでなされたが、降伏文書はその確認であったといえる。

（昭和六〇［一九八五］年五月一四日大学院）

［★12］日本国憲法の原理の定立は、ポツダム宣言の受諾によったのであり、単に戦争の結果としてではなかった。つまりそれは債権的に行われたのであり、宮沢俊義氏の八月革命説において説明されるような物権的事象ではなかった。（昭和六一［一九八六］年一一月一四日、二一日大学院）

3……ポツダム宣言発出の背景(一)——連合国の戦後処理政策

日本に対するポツダム宣言の要求は何故に生まれたのか。ポツダム宣言は連合国の戦後処理政策(postwar policy)の日本に対する緩和された適用であった。つまりそれは、連合国の戦後処理政策の現れの一環であった。ポツダム宣言において連合国の戦後処理政策のどの点が緩和され、修正されたのか。例えば、ポツダム宣言は日本に要求条件を示して、それを無条件で受諾することによって降伏することを求めるものであった。しかし、そもそもの連合国の戦後処理政策は、条件を示さないものとされていたのである。それゆえ、ポツダム宣言の要求の背景を知り、日本国憲法の制定過程を理解するために、連合国の戦後処理政策およびその背後にあるものを探求する必要がある。

連合国の戦後処理政策の目的は、第一に、根本的には、戦争のない世界を実現すること、第二に、具体的には、戦争相手国である全体主義諸国を根底から改造して、基本的人権、国民主権および平和主義の国家にすること、また、国際社会に強く永続的な国際機構を樹立することであった。そのための方法としては、以上のような大きな目的は示すが、条件ととられるようなことは示さないで相手国を徹底的に打倒して、文字通り無条件降伏させることとされた。

このような戦後処理政策は、なぜ打ち立てられたのか。第一次大戦においても、戦争のない世界を実現することが目的とされた。しかし第一次大戦の戦後処理政策は失敗した。同大戦後の世界は安定を欠き、二〇年後にまた世界大戦が起きてしまった。この失敗の経験に鑑みて、第二次大戦の戦後処理政策が徹底した目的と方法をとるものとして立てられたのである。それは、その発想、具体化および実行において、連合国の中のとくにアメリカに拠った。しかしアメリカは、自国一国だけではやっていけないと考え、他の連合国に呼びかけて同調を求めた。その結果、それは連合国の戦後処理政策となった。

ポツダム宣言の前にあり、その前提また源をなすのは、一九四一年八月の米英による大西洋憲章である。これは連合国の戦後処理政策を具体的、典型的に示すものであった。ただしこの時点で、アメリカはまだ参戦していなかった。大西洋憲章においてアメリカが前述の大きな目的を示そうとしたことは、前文の「基本原則」という語から窺われる。アメリカのローズベルト(Franklin D. Roosevelt)大統領は、まずイギリスのチャーチル(Winston Churchill)首相と足並みを揃えようとしたのである。大西洋憲章第六項には「最後的撃滅」、第八項には「武装解除」とあり、それらはすでに無条件降伏を示唆している。また第六項には「恐怖と欠乏からの自由」、「平和」とあり、基本的人権に基づく平和が示されている。さらに第三項には、国民が「政治形態を選ぶ権利」とあり、国民主権が示されている。また第八項には「一般的安全保障のより広範かつ恒久的機構の確立」とあり、国際連合の構想が示されている。それに加えて同項では、世界のあらゆる国家の暴力の行使の放棄および軍備の軽減が謳われており、そこには日本国憲法第九条一項の理念が現れている。

以上の点を米英首脳が、すでに当時において政策として表明したのである。そのような主旨の戦後処理政策は、なぜまたどのようにして打ち立てられたのか。第一次大戦の際にも平和が望まれ、そのための戦後処理政策が立てられた。しかしそれは、惨憺たる失敗に終わった。その結果、第二次大戦においては、この痛ましい失敗の経験を踏まえて、確固たる戦後処理政策が構想されたのである。二〇世紀は世界大戦の時代である。戦争は巨大なものとなり、それによる惨害も凄まじいものになった。第三次世界大戦が起こらないように、というのが現代人の願いである。

（昭和六〇［一九八五］年四月三〇日）

4……ポツダム宣言発出の背景(二)——第一次世界大戦における戦後処理政策

第一次世界大戦の戦後処理政策はどのようなものであったか。同大戦においてアメリカ大統領ウィルソン(Thomas Woodrow Wilson)は、以下のような行動をとった。まず一九一六年一二月、彼は交戦国両陣営に対し、講和の条件について意見を交換するよう議会の演説において提案した。また一九一七年一月、彼は議会において、両陣営が戦争をやめることについての基本的な事項を提示し、その中で基本的人権に関連して、いずれの国の人民でも政治的経済的自由の権利を尊重されることを基礎とする旨を述べた。しかし同年四月、アメリカは参戦した。

ウィルソン大統領の根本の目的は世界から戦争をなくすことであり、この点は第二次大戦の際と同様であった。彼のスローガンは、第一に「戦争を終わらせるための戦争(a war to end wars)」であり、それは根本的目的を示している。第二に「世界を民主主義にとって安全にするための戦争(a war to make the world safe for democracy)」であり、それは第一の根本目的のための具体的目的として民主主義を掲げている。第三に「勝利なき講和(peace without victory)」であり、それは方法を示している。さらに彼は、一九一八年一月に発表した「一四原則」において戦争終結の条件を示し、軍備の思い切った制限、公開の会議における交渉、また、国際連盟の創設を提唱した。

以上の点を第二次大戦の戦争処理政策と比較するならば、第一に、先に述べたように根本目的は同じであり、第二に、民主主義という価値を前面に掲げたことは、第二次大戦の戦後処理政策における国民主権および基本的人権の尊重と方向的に同じである。また第三に、国際連盟創設の提唱も、第二次大戦の際に提唱された国際連合と同様である。しかし、目的において不充分不徹底であるとともに、方法の点で両者は全く異なっていた。第二次大戦の際には、無条件降伏方式がとられたのに対し、第一次大戦においては「一四原則」という条件が示され、またその中には、公開の会議における交渉という項目が含まれていたのである。そこには方法として相手を完全に打倒するという発想はなかった。

「一四原則」が発表された以後も、戦い続けた。しかし一九一八年一〇月、ドイツは「一四原則」を基礎にして戦争を終結したいとの申し入れを行った。これに対してウィルソンは若干の回答を行い、初めてドイツの内政に言及し、国家機構(government)の在り方について要求を出した[★13]。彼は、政府の正当な権力は被統治者の同意に基づくという原則を承認しないような平和は維持されない、と述べた。これを受けてドイツ政府は憲法改正を行い、議院内閣制を採用した。このままいけば、事態はある程度までウィルソンの考えたようになっていたかもしれない。

しかし、一九一八年一一月九日、ドイツに革命が勃発した。その原因は第一に、ドイツ国内がもはや戦争の苦しみに耐えられなくなったことである。第二に、先に述べたウィルソンの要求によりドイツが大急ぎで憲法改正を行った結果、当時の政権が大きく揺すぶられたことである。また第三に、一九一七年のロシア革命が大きな刺激となったことである。ドイツ革命の担い手はドイツ社会民主党左派およびドイツ共産党であり、左翼が主勢力であった。革命によりドイツはもはや戦争の継続が不可能となった。カイゼルはオランダに逃亡し、ドイツ国内は混乱状態に陥った。

次いで一九一八年一一月一一日、連合国とドイツの間に休戦協定が結ばれた。このときドイツは「一四原則」を援用してそれを中身とする軍事協定にしようとしたが、英仏はそれを受けつけなかった。ドイツは英仏の出したものを黙って受諾せざるを得ず、事実上の無条件降伏となった。また一九一九年六月にはヴェルサイユ条約が締結された。ドイツは一方的に調印を押しつけられた。その結果、ドイツは一方的に軍備の制限を課された。すなわち、ドイツは陸軍一〇万人、海軍一万五千人とされ、航空機の保有と徴兵制は禁止された。一方、国民主権と基本的人権に関しては、一九一九年七月のワイマール憲法において、一応実現された[★14]。それらは「一四原則」およびヴェルサイユ条約には入っていなかったが、革命に伴うものとして達成された。

さて、ウィルソンは「一四原則」で条件を示し、ドイツはそれを基礎とすることにしたにもかかわらず、公開の交渉は全くなされなかった。また、国際連盟はできたものの、アメリカが参加しなかったため、それは支えを欠く弱い存在となってしまった。このような結果を招いた原因は何であったのか。

それは第一に、ドイツの申し入れとウィルソンの回答によって交渉が軌道に乗りかけたが、ドイツ革命が起きたため、交渉ができなくなってしまったということである。第二に、ウィルソン大統領は独走したということである。彼は性格的に理想主義者であったが、政治力が弱く、現実性、実際性を欠いていた。「一四原則」は議会宛のメッセージであり、彼はそれを出す際、英仏と相談することをしなかった。そのため、それは連合国の共同の目的とはならなかった。英仏側としては「一四原則」に関して、アメリカを怒らせたくなかったのでじっとしていた。しかしドイツが崩壊すると、英仏は「一四原則」に関しては相談を受けていないとして、領土と賠償をドイツに要求した。また国内においても、ウィルソンは議会工作に長《た》けておらず、根回しを欠いたため、自国の中を十分に固めることができなかった。このように彼は、英仏との関係においても議会との関係においても独走し、失敗を招いた。その結果、第一次大戦の戦後処理は不十分かつ不徹底なものに終わった。この反省から第二次大戦においては新しい戦後処理政策が立てられたのである。

他方、ドイツにおいては次のような現象が生じた。すなわち、「我々は欺かれた」、「我々は負けたのではなく、まして降伏したのでもない」という言葉に象徴されるように、ドイツ国内では「一四原則」の条件に基づく公開の交渉がなされなかったことに強い反感が残った。平和を求める気持ちよりはむしろ屈辱感で満たされていた。また、「我々は戦争に負けたのではなく、背後から刺されたのだ」と言って右翼は左翼を攻撃し、ドイツ軍部は敗戦の責任を転嫁した。このように、第一次大戦後のワイマール・ドイツは、最初から敗戦と革命によって政治的に動揺した。ワイマール憲法は表面的には進歩的な美しい憲法であったが、実際には弱いものであった。さらに、ヴェルサイユ条約による天文学的数字の賠償のために、ドイツ経済は破滅的状態に陥り、世界恐慌はその立ち直りを挫いた。他方、ドイツ軍部は残った。ドイツの軍備は厳しい制限を受けたが、残ったのはドイツ軍の精髄であった。後に、軍部と結んでナチスが台頭することとなった。

一九三二年、ヴェルサイユ条約から一三年を経過して、ドイツ議会においてナチスが第一党となり、翌年一月、ヒトラー（Adolf Hitler）は総理大臣に就任した。次いで彼は、いわゆる全権委任（授権）法に基づき、国家権力を委任され、独裁者となった。一九三三年一〇月にはドイツは国際連盟を脱退、一九三五年にはヴェルサイユ条約を破棄した。また一九三六年以降、ドイツは武力を用い始め、一九三九年八月、ポーランドに侵攻した。同年九月、英仏はドイツに宣戦布告し、ここに第二次世界大戦の火蓋《ひぶた》が切られた。一方、イタリアと日本もナチスに同調する動きを既にとっていた。一九三六年一〇月には独伊の同盟条約、一一月には独日防共協定が締結され、ドイツを中心として独日伊三国が結ぶ形勢ができあがった。

このような動向に対してローズベルトは、一九三三年三月、ヒトラーの登場とほぼ同時に、アメリカ大統領に就任して以来、第二次大戦の戦後処理政策の原型となる構想を育み始めていた。彼はウィルソンと同じく民主党に属し、東部の出身であった。しかしウィルソンは学者出身であったのに対し、ローズベルトは早くから政治家となった人物であった。ウィルソン政権下で海軍次官を勤めたローズベルトは、第一次大戦の戦後処理においてウィルソン大統領がどのような手を打ち、いかなる結末に終わったかを目の当たりにした。彼はヒトラーに注目し、ヨーロッパに暗雲が出てきたのを感じ取った。彼は非常に早くから、すなわち大統領就任とほぼ同時に、ウィルソンの失敗から出てきたヨーロッパの情勢について、どのようにしたらよいかを考え始めた。国務長官ハル(Cordell Hull)は、ローズベルト大統領が一九三三年の時点からヨーロッパの処理をどうしたらよいか考え始めたことに気づいた、と述べている。

ローズベルトがウィルソンの失敗から反省として考えたことは次の三点であった。第一に、後から文句をつけられるような条件を出すべきではないことである。第二に、負けたのではないと言わせないため、敵国を完全に打倒して降伏させることである。第三に、単なる呼びかけとしてではなく、はっきりとした要求として、基本的人権および国民主権を掲げることである。

(昭和六〇[一九八五]年四月三〇日、五月七日)

註

［★13］当時の国際社会の基調は、民族自決、内政不干渉であったので、ウィルソン大統領はドイツに対して国家の改造を強く主張することができなかった。（昭和五九［一九八四］年五月一日大学院）

［★14］ワイマール憲法下の人権は、当時のドイツにおいては進歩的であったが、高く評価されるべきものではない。自由権は法律の下におけるものであり、社会権はまさしく国家のプログラムにすぎなかった。（昭和五九［一九八四］年五月一日大学院）

5　ポツダム宣言発出の背景(三)――第二次世界大戦における戦後処理政策

ポツダム宣言は第二次世界大戦における連合国の戦後処理政策の日本に対する適用であった。それゆえ、第二次大戦における戦後処理政策がどのようにして形成されたかについて考える必要がある。これは三つの段階に分けて考察される。第一の段階は、一九三三年におけるローズベルトの大統領就任に始まる時期である。第二の段階は一九四〇年一二月に始まる時期であり、また、第三の段階は一九四二年一月に始まる時期である。

第二次大戦における連合国の戦後処理政策は決定的にアメリカによるものであり、ローズベルトがその推進力となった。彼の政治的立場は、その任期を重ねるにつれ、よりしっかりしたものとなり、また戦争の進行と相俟って戦後処理政策が形成されていった。第二次大戦の始まる一九三九年九月までのことは、厳密には戦後処理構想とはいえない。しかし、戦争の恐怖のない平和な世界をつくることを根本の目的とし、そのために国際機構を設立する一方、平和を妨げる国の在り方を変革し、その方法としてそのような国を完全に打倒する、という発想を考慮に入れると、一九三三年のあたりから検討していく必要がある。

第一の時期は、次のように経過した[★15]。既に述べたとおり、一九三三年三月、ローズベルトはアメリカ大統領に就任した。彼はウィルソンにかなり近い立場であり、戦争を世界からなくすという根本目的では両者は同じであった。しかしローズベルトとしては、ウィルソンの失敗を痛切に感じていた[★16]。一方、一九三三年一月、ヒトラーはドイツの首相となっていた。ローズベルトは大統領就任時から、ヨーロッパの雲行きは嵐を思わせるものがあり、何とかしなければならないと感じ、そのことについて考え始めていた。彼はそのことを意識の中にはっきりもっていたが、再選するに至るまで具体的言動に表すことをしなかった。それは、アメリカ国内に中立主義の風潮が強かったからであり、また、世界恐慌のため、彼としては国内対策としてニューディール政策の遂行に努力を傾けなければならなかったからである。しかしヨーロッパでは、ドイツによってヴェルサイユ条約が破棄され、また独日伊枢軸国体制が固まっていった。

ローズベルトは再選後、一九三七年一〇月、有名な「防疫演説」を行い、そのなかで、今、世界には疫病すなわち独日伊の武力による侵略的行動[★17]がはびこっており、そのような国々は隔離されなければならない、と表明した。これは第二次大戦のまだ始まる前のことであり、またアメリカ国内には依然として中立主義の風潮が根強くあったため、彼の演説に対して賛成する者は少なかった。しかし、ついに一九三九年九月、第二次大戦が勃発した。一九四〇年六月、フランスはパリが陥落して降伏し、またイギリスも、ダンケルクの撤退およびロンドン大空襲により、いまや風前の灯火と見られていた。ローズベルトとしては、もはや黙ってはいられなくなった。

第二の時期に入ると、ローズベルトは戦後処理構想について積極的に発言し始めた。一九四〇年秋、彼は三選を果たすが、同年一二月二九日の「炉辺談話」において、独日伊という国々の政治哲学と我々の政治哲学の間に究極的平和はありえないと認められている、すなわちそれらの国々はそのように宣言している、と語った。これは、究極的平和をもたらすためには、相手方の政治哲学は克服されなければならないことを意味した。このように、ローズベルトが政治哲学という言葉を使って、それが根本的に異なるということをアメリカ国民に訴えたことは注目されるべきである。それは、国家の根本からの改造という発想へと連なるものであった。また彼は、同じ談話において、アメリカは独日伊と戦っている国々に対して民主主義の兵器廠となると述べ、アメリカ自体が武力行使することはしないが、軍事援助を与えることを明らかにした。

翌一九四一年一月六日、ローズベルトは議会に宛てて「四つの自由」に関するメッセージを発表した。そこにおいて彼は、アメリカの安全がいまだかつて今日ほど重大な脅威を受けたことはなく、アメリカ国民がここでささやかな一時的安全を購うために、不可欠な(essential)な自由を放棄するなら、我々は自由も安全もどちらも享受する資格がなくなる、と述べた。彼はさらに続けて、我々は人間にとって不可欠な四つの自由のうえに築かれた平和な世界を実現しなければならない、と積極的に訴えた。ここにおいて、平和は基本的人権のうえに築かれるという彼の発想が現れている。彼の主張する四つの自由とは、第一に、言論と表現の自由、第二に、信教の自由、第三に、欠乏からの自由、および第四に、恐怖からの自由であった。第三と第四の自由は、後に「恐怖と欠乏から免れ」という表現で日本国憲法前文に入れられた。欠乏からの自由とは、ローズベルトによれば、どの国家も国民に対して、健康で平和な生活を得られるように経済的理解をもつことを意味した。これは生存権、社会権を意味し、日本国憲法では第二五条の規定となって現れている。また、恐怖からの自由とは、彼によれば、どの国も物理的侵略を犯しうる地位を獲得できないまでに、徹底的に軍備を縮小することを意味した。これは日本国憲法前文において、「平和のうちに生存する権利」として現れている。

同じく一九四一年三月には、前年一二月の「炉辺談話」における「兵器廠」を裏付けるものとして、武器貸与法が制定された。この法律は、該当する国の安全が失われることが、アメリカの安全にとって重大な脅威となると大統領が判断したとき、戦争が終わってから返せばよいという条件で、武器、軍需品および食料を貸与する趣向のものであった[★18]。当時、アメリカではなおも中立主義の風潮が強かった。しかし武器貸与法によってアメリカは、戦争に至らない手段による援助という形をとりつつ、いわば宣戦布告なき戦争に突入したのである。それは実質的には戦争参加の状態であった。

同年八月にはローズベルトは、さらに明確なアクションをとった。それは、彼がイギリス首相チャーチルとともに発表した大西洋憲章である。これは既に述べたように、連合国の戦後処理をほぼ示し、その大原則を掲げるものであった。大西洋憲章の中心にあるのは、前述の「四つの自由」であり[★19]、これにナチスの完全な打倒および国際機構の樹立という具体的な方法が加えられている[★20]。このように「四つの自由」は、大西洋憲章のために要石(keystone)であった。なお、前者はアメリカ議会に宛てられたものであるが、後者は米英二国の協議によるものであった。さらに、翌月にはロンドン宣言が発せられ、米英のほかにソ連を含む一五カ国が大西洋憲章に示されている原則を実現するために最大限の努力を払って協力することを約束した[★21]。ここにおいても「四つの自由」が核となった。

以上の経過においてローズベルトは積極的に行動したが、アメリカはまだ正式に参戦していなかった。依然としてアメリカ国内に中立主義の風潮が強かったからである。しかし一九四一年一二月八日の日本軍の真珠湾攻撃により、アメリカはついに参戦したのである。これを境にローズベルトは、一段と積極的に戦後処理政策を形成していった。

第三の時期は次のように経過した。一九四二年一月一日、ワシントンにおいて連合国共同宣言が二六カ国によって発せられた。この宣言にはアメリカも戦争当事国として加わった。そこでは、連合国が大西洋憲章の原則と目的に同意して一致協力し、軍事的経済的力の全てを尽くして敵国と戦うことが誓われた。このようにして、大西洋憲章の原則に立って敵国を打倒し、その目的を達成する体制がローズベルトによって整えられたのである。ちなみに、連合国共同宣言の連合国"United Nations"は、ローズベルト自身が合衆国"United States"から連想して言い出した言葉である。これはまた、連合国のみならず国際連合をも意味する用語となった。

連合国の戦後処理政策の一つの大きなポイントとして挙げられるのは、次の点である。第一次大戦の際、ウィルソンは英仏とあまり相談しないでことを進め、また国内においても議会とあまり相談しなかった。ローズベルトはそのようなやり方はいけないと考えた。そこで、議会宛に「四つの自由」のメッセージを出すとともに、ロンドン宣言および連合国共同宣言において、アメリカと一緒に戦う国々との協力関係をしっかりと固めたのである。また彼は、戦後においても連合国(United Nations)としての戦争中の協力体制を国際連合(United Nations)として継続させようとした。ローズベルトの構想は、平和を軍備の問題としてだけでなく、基本的人権の要として扱うとともに、独走することをせず連合国の協力体制を固め、かつそれによって、戦後の平和をも維持することを柱としていた。また、これと併行して、実務的な政策の立案も国務省を中心としてなされた。国務長官コーデル・ハルは、戦後処理政策にかんしてローズベルトにかなり近い立場の人物であり、第二次大戦が始まって程ない頃から研究に着手した。一九四二年一一月には、ポツダム宣言の前身的なものとして、国務省において日本に対する研究が開始された。

一九四三年以降における連合国の戦後処理政策の形成については、無条件降伏方式を中心に展開されていくことになる。

（昭和六〇［一九八五］年五月一四日）

註

［★15］一九三三年前後における日本を中心とする世界の情勢は、以下のとおりであった。第一次大戦後の日本は平和的民主主義的ムードに包まれ、経済は好調であった。しかし一九二三年の関東大震災の頃から曲がり角にかかった。一九二九年に始まる世界恐慌により、日本は大不況に見舞われ、また過酷な賠償に苦しんでいたドイツも落ちこぼれていった。何とかやっていけたのは、保護貿易や自給自足経済をとる米英ソのような国々であった。一方、一九二二年のワシントン条約、一九三〇年のロンドン条約に基づく軍縮、また一九二八年の不戦条約に日本は応じたが、日本国内では軍部および右翼が台頭していた。平和主義に対する懐疑および経済的難局打開のため、軍の一部が工作した満州事変が、一九三一年に勃発した。当時の首相田中義一はそれによって天皇から信任を失ったが、当時の動向を止めることはできなかった。

一九三三年二月には、日本軍は中国の熱河省に侵入した。日本は他国の干渉を許さない旨を声明するとともに、国際連盟から脱退した。このように日本は、軍国主義の台頭と経済的苦境を背景にして、武力による国際紛争の解決と国際連盟脱退によって、国際協調を拒否する先陣を切ったのである。

日本は第一次大戦時には英米に同調したが、その後、経済的苦境および米英との協調に対する幻滅感から軍国主義へと走り、第二次大戦時まではドイツ、イタリアとの同盟を結んだのである。（昭

和五九［一九八四］年五月八日大学院）

［★16］ロバート・シャーウッド著、村上光彦訳『ルーズベルトとホプキンス』（みすず書房、一九五七年、新版、未知谷、二〇一五年）によれば、ローズベルトにとってウィルソンの悲劇は常にその意識の中にあり、また、ローズベルトの戦時の政策を通じて、ウィルソンの失敗を繰り返さないようにするということほど強い原動力はなかった。（昭和五九［一九八四］年五月八日大学院）

［★17］ドイツ軍のラインラント進駐、日本軍による満州事変、イタリア軍によるエチオピア侵略。（昭和六〇［一九八五］年五月一四日大学院）

［★18］それまで英仏は、キャッシュ・アンド・キャリィ（cash and carry）でアメリカから武器、軍需品等を購入していた。（昭和六〇［一九八五］年五月一四日大学院）

［★19］大西洋憲章第三〜六項参照。

［★20］同右第六、八項参照。

［★21］一九四一年六月、ドイツはソ連への攻撃を開始したが、同年九月のロンドン宣言によってソ連は連合国の一員となった。それまでソ連は、独ソ不可侵条約及び日ソ中立条約によって、戦争に巻き込まれないよう立ち回っていた。（昭和五九［一九八四］年五月一五日大学院）

6 ポツダム宣言発出の背景(四)——無条件降伏方式

一九四三年一月、カサブランカ会議が開かれ、ローズベルトとチャーチルは主として軍事的協議を行った。しかし会議後、記者会見の席でローズベルトは初めて「無条件降伏」に言及し、次のように語った。すなわち、世界の平和は独日の戦争能力の完全なる壊滅によって可能となる。したがって我々は、独日の無条件降伏を求めるものである。無条件降伏とは世界平和の合理的な保障を意味する。それは独日の国民の破滅を意味するのではなく、侵略を旨とする彼らの哲学そのものを破壊することを意味する。

ローズベルトは、無条件降伏方式に近い発想をかなり前から持っていたと思われる。彼は南北戦争における戦後処理からヒントを得たといわれている。南北戦争においてグラント(Ulysses S. Grant)将軍とリー(Robert E. Lee)将軍の間に結ばれた停戦協定は無条件降伏に基づくものであった。しかしリンカーン(Abraham Lincoln)は南部に対し、同じ合衆国の成員として寛大な処置をとり、南軍兵士に馬を連れ帰らせて農耕につかせた。このような処置により合衆国は再び一体となり、発展を見たのである。彼はそのような内戦に類似するものとして独日との戦争を考え、独日を徹底的に打倒して無条件降伏させた後、国際社会の一員として復帰させようとしたのである。

一九四〇年八月の大西洋憲章はアメリカの参戦前のものであるが、戦後処理政策のおよそのポイントを示していることは既に述べたとおりである。その中で無条件降伏という言葉は使われていないが、無条件降伏との間に実質的な違いはない[★22]。しかしローズベルトは記者団に対し、このカサブランカ会議を「無条件降伏会議」と呼んでくれたまえ、と述べ、意表を突いた形ではあるが、明らかに意図的に無条件降伏方式を戦後処理政策の中に入れることをその席で表明したのである。

ローズベルトの発言は、国務長官ハルにとっては寝耳に水であった。ローズベルトはそれ以前にハルに無条件降伏について話したことがあった。ハルは、それはかえってマイナスをもたらすとして賛成しなかった[★23]。しかしローズベルトは彼に対し、ドイツ人の根性を根底からたたき直して教育するためには二世代かかるであろうが、そうしなければ永久の平和は来ないと答え、自説を曲げなかった。ハルの反対に代表されるように、アメリカ政府内部、特に国務省と統合参謀本部は無条件降伏方式に反対であった[★24]。一方、チャーチルは発表数日前にその件について聞かされており、とくに反対はしなかったが、新聞記者相手にまで話すとは思わなかった。このように無条件降伏方式は、ほとんど周囲の賛成を得られなかった[★25]。それはほとんどローズベルト一人によるものであった。それにもかかわらず、ローズベルトがそれを発表したのは、彼が敵国の戦争能力の完全な破壊だけでなく、それらの国家の在り方の根本原理の変革まで考えていたからであった。後者が目的であり、前者はそのための手段であった。すなわち、従来、無条件降伏とは軍隊のそれを意味したが、ローズベルトが述べたのは国家としての無条件降伏であった。

しかし、このような戦後処理政策が緩和された形で日本に適用されたポツダム宣言は、軍隊についての無条件降伏を言っており、国家の無条件降伏とは言っていない。日本に対しては、示された条件を無条件で受け入れることが要求されたのである。この点に関しては、後に詳しく述べることとする。

カサブランカにおけるローズベルトの声明は一九四三年一月のことであるが、その時点における戦況はその前年夏にはミッドウェー、ガダルカナルにおいて日本軍がアメリカ軍に押し返され、また同年二月にはスターリングラードにおいてドイツ軍がソ連軍に押し返されるという情勢であった。

次いで一九四三年七月、イタリアがクーデターにより内部から崩壊した。反ファシスト勢力が軍人のバドリオ(Pietro Badoglio)陸軍元帥をかついで、ムッソリーニを政権から降ろしたのである。ムッソリーニは失脚し、逮捕された。バドリオは密使を派遣し、リスボンにおいて最高司令官に停戦を申し入れた。九月、イタリアは無条件の降伏として軍事休戦協定を結んだ。一方、ドイツ軍がイタリアに襲いかかってローマを占領したため、バドリオ政権は連合国にとって敵とはいえなくなった。イタリアは独日に宣戦布告し、連合国の「共同交戦国」となった。その結果、連合国としては自然とバドリオ政権と話し合いをすることになった。そのため、この場合において無条件降伏方式は建前上のものとなり、実際にはかなり交渉しながら対イタリア戦後処理が進められた。無条件降伏方式は相手国の徹底的打倒を意味したが、そのような事情から連合国としてはバドリオ政権をたたきのめすわけにはいかなかったのである。ただし、一九四七年二月、パリにおいて締結されたイタリアに対する平和条約には、無条件降伏と記された。同年一二月にはイタリア憲法が制定された。そこにおけるおおよその原則は連合国から示され、それに則った内容の憲法となっているが、イタリア側の考えも多分に盛り込まれている。イタリア憲法は、なかなか新鮮な感覚のものである。なお、イタリア憲法と日本国憲法はともに連合国の戦後処理政策の適用の結果であるゆえに、類似しているところもある。

さて、イタリアの降伏後、戦いは峠を越えたと連合国は感じるようになり、いよいよ本格的に戦後処理が考えられることになった。そのための代表的な場となったのは、一九四三年一〇月のモスクワ会議、同年一一月のカイロ会議およびテヘラン会議であった。モスクワ会議は、ハル、イーデン(Robert Anthony Eden)およびモロトフ(Vyacheslav M. Molotov)による米英ソ外相会議であった。そこではイタリアの扱いが討議され、前述のとおり、イタリアは連合国の無条件降伏方式のいわば実験台となった。また、この会議では、独日が無条件の降伏するまで連合国が戦うことが確認され、無条件降伏方式が連合国の方針であることがモスクワ宣言において明らかにされた。さらにこの会議では、国際連合結成の件についても話し合われた。

次に、カイロ会議ではローズベルト、チャーチルおよび蒋介石が一堂に会して日本の扱いについて話し合った結果、カイロ宣言として日本に対する無条件の降伏方式が表明された。なおソ連は日ソ中立条約を結んでいた関係上、この会議には参加しなかった。

以上のように、モスクワ会議とカイロ会議によって、無条件降伏方式は連合国の公式の政策として掲げられた。さらに、テヘラン会議が開かれたが、そこにはローズベルト、チャーチルおよびスターリン（Joseph Stalin）が出席した。ローズベルトとスターリンの顔合わせは初めてのことであり、それは連合国の強い団結のデモンストレーションとなった。この会議では、連合国が単に戦争に勝つために結束するだけでなく、戦後においても協力体制を続け、国際連合として国際平和の維持に当たることが合意され、テヘラン宣言として発表された。こうして、ここに国際連合の礎が置かれたのである。それは、世界の国々が民主主義国の世界家族に参加するというローズベルトを中心とする考え方に基づくものであった。以上のようにして、テヘラン宣言に至るまでの一連の動きによって連合国の戦後処理政策は明らかにされたといえる。ただし、具体的な中身は何も打ち出されていない。それは、条件ととらえられることを避けるためであった。

一方、テヘラン会議において、スターリンは、以前よりソ連政府から示されていた意向であるが、無条件降伏方式には反対であると語った。条件を示さず黙って降参しろというならば、相手方も不安になってとことんまで戦うであろうから、いかに厳しい条件でもそれを示して受諾させるのが早道であり、より良い方法である、というのがその理由であった。彼は、内部的蜂起によってヒトラーの体制が変わることが良いと考えた。また彼は、別の機会に、ローズベルトは独日を改心させるといっているが、そんなことは当てにならないと述べている。しかしローズベルトは、スターリンの反対には取り合わなかった。彼はあくまで無条件降伏によって大戦を終結させる考えであった。彼はナチス的また旧日本的居残りが存続することはよくないと考え、相手国の哲学を変え、心の問題にまで踏み込む必要があるとした。既に述べたように、彼は独日の国家の根本からの切り換えに二世代はかかるであろうが、それでも彼らの意識を変えることは必要であると考えていた。

一九四四年に入ると、連合国の攻勢により独日の崩れが目に見えてくるが、この年には連合国間における戦後処理政策形成の動きはあまり見られなかった。しかしアメリカ国内においては、無条件降伏方式の具体的な手順についての研究が進められていた。同年一月から二月にかけて、ローズベルトとハルの間で無条件降伏方式についてやりとりがあるとともに、統合参謀本部は軍事的観点から同方式に賛成できない旨申し入れている。一方、二月には、戦後処理の実行のため占領にあたることになる陸軍省および海軍省が国務省に対して、無条件降伏方式の定義および具体的運用に関して説明を求めた。五月、国務省はその回答を示した。それはローズベルトの無条件降伏方式の具体化であり、独日に対する実際上の戦後処理のほぼ実態を示すものであった[★26]。その中には、日本に対する憲法改正の四原則も含まれていた。例えば、そのうちの一つは、天皇制は維持されるが、単に形式的な元首にとどまるものとされる、という原則であった。

既に述べたとおり、連合国の戦後処理政策の芽は早く、アメリカが参戦する前、ローズベルト政権の始まりからあったといえる。またハルによると、戦後処理政策の実務的研究はカサブランカ会議の三年以上前から開始されていた。このような早くからの研究の上にローズベルトの無条件降伏方式が結び合わされて、戦後処理政策が形成されたのである。

一九四五年一月、ローズベルト大統領はニュー・イヤー・メッセージを発表し、国際連合の成立が目前であるとともに、戦いに勝利しつつある旨述べた。ローズベルトは、国連の成立は戦争が終わって熱が冷めてからでは遅いと考えていた。彼の戦後処理の最大の目的は、国際連合を確固としたものとして成立させることであった[★27]。彼は単なる理想家ではなく、大政治家であった。彼は戦後の平和が米ソの提携によってしかありえないと考え、ソ連に国際連合への参加を約束させたのである[★28]。

同年二月にはヤルタ会議が開かれ、ローズベルト、チャーチルおよびスターリンがドイツの処理について話し合った。そこで発表されたヤルタ宣言は、まず、いまやドイツは壊滅の危機に瀕しつつあり、これ以上戦うことは無意味であると述べた。次いで、我々連合国はドイツの戦後処理に関する政策および計画につき意見の一致をみたが、それはドイツが完全に打倒された後に始めて公表されると述べて、ドイツに対して無条件降伏方式が完全に適用されたことが明らかにされた。またこの会議では、ソ連の対日参戦に関する秘密取決めもなされた。一九四五年四月一二日、ローズベルトが急死する一方、四月三〇日にはヒトラーが自殺し、ここにドイツの政府(government)は消滅した。五月八日、連合国とドイツの間に無条件の軍事的休戦協定が結ばれ、その結果、戦争は終結した。このように、ドイツに対して条件は示されず、ドイツの政府は消滅した。一方、ドイツと異なり、日本に対しては条件が示され、日本の政府は存続した。

(昭和六〇[一九八五]年五月一四日、二一日)

註

[★22] 大西洋憲章第六、八項参照。

[★23] ハルはローズベルトと異なり、無条件の降伏という考えはもっていなかった。しかしハルは形の上では従わざるをえなかった。そのため、様々な機会にその件がハルの頭にのぼってきたといわれる。
(昭和六〇[一九八五]年五月二一日大学院)

[★24] ローズベルトはカサブランカに出かける三週間前に自分の側近たちに、無条件降伏を根本方針とすることを明らかにした。アイゼンハワーとマッカーサーは彼の考えに反対したが、それに対して彼

は、軍人たちが口をはさむ問題ではないとしてはねつけた。（昭和五九［一九八四］年五月一五日大学院）

［★25］ローズベルトのブレーンの数人は、無条件降伏方式を採用するよう助言していた。一方、彼自身もその考えを培っていた。（昭和五九［一九八四］年五月一五日大学院）

［★26］日本に対しては、「米国の対日戦後目的」（PWC108）という文書が作成されたが、それは修正されたうえでPWC108bとして成立した。（昭和六〇［一九八五］年五月八日、二二日大学院）

［★27］ローズベルトは、国連成立直前に六三歳で亡くなった。一九四五年六月二六日にサンフランシスコで調印された国連憲章に基づいて設立された実際の国際連合は、彼が考えていたよりレベルの低いものにとどまった。もし彼があと数年生きていたら、国際連合はもっと違ったものとなっていただろう。彼は二〇世紀の動向をよく見据え、今世紀が世界大戦の世紀であり、平和な社会が不可欠であることを意識していた。独日の国家の改造や国際連合の設立は、そのための手段であった。（昭和五九［一九八四］年五月一五日、二二日大学院）

［★28］国際連合の核心は自由にあり、それはアメリカ的なものであった。ソ連が国際連合の一員となることは、ソ連がそれを受け入れたことを意味する。それは、ソ連が国内体制の問題としては基本的人権を基調とすること、また国際紛争に対しては、米ソが共同して国際連合を通じて解決することを意味した。このようなローズベルトの構想に対しては、甘いとする批判や疑いがあった。しかし彼は、ぎりぎりの場合にはイギリスと手を握ってソ連を牽制しようと考えた。（昭和五九［一九八四］年五月一五日、二二日大学院）

7 ポツダム宣言発出の背景(五)——日本に対する無条件降伏方式の緩和

ローズベルトの無条件降伏方式が日本に対して緩和され、ポツダム宣言を発出して条件を示したうえでそれを無条件で日本に受諾させることになった背景には、一九四五年に生じた四つの要因があると考えられる。第一の要因は四月一二日におけるローズベルトの死であり、第二の要因は四月三〇日におけるヒトラーの自殺とドイツの壊滅である。また、第三の要因は六月二六日に国連憲章が調印され、国際連合が法的に成立したことである。第四の要因は、日本のみが連合国を相手に戦う状態になり、その敗北が明瞭となる一方、連合国にとって日本は手強く、その完全なる打倒には多大の犠牲が見込まれたことである。

以上の要因のうち最大のものは、ローズベルトの死であった。彼が一九四三年にカサブランカで無条件降伏方式を発表したのは、その時点あたりから連合国の勝利が明らかになりつつあるという情勢において、彼の自信に裏打ちされたものであった。しかし彼は、「四つの自由」を言い始めた頃からすでに、無条件降伏の構想を頭に描いていた。彼は、第一次世界大戦のときのウィルソンの戦後処理の失敗を繰り返してはいけないと肝に銘じていた。ウィルソンは「一四原則」

という条件を示したが、ヴェルサイユ条約はそこからかけ離れたものであった。そのためドイツは、連合国に欺かれたと主張し、ヴェルサイユ条約を破棄して武力によって自らの進路を切り開こうとしたのである。

第二次大戦においてローズベルトは、独日に対して条件を示すならば、自らのフリー・ハンドが失われるとともに、彼らと交渉することがヒトラーと日本軍部の言い分に耳を傾けることになる結果、根絶すべきヒトラー的、日本軍部的影響が残存してしまうと考えた。彼の目的は、独日の政策だけを変えさせるのではなく、彼らの国家の哲学を変えることであった。そうしなければ永続的平和はありえないと彼は考えた。一九四一年の大西洋憲章においてすでに、ドイツを最終的に撃滅し、武装解除するとされており、その点で無条件降伏とあまり違わない。「四つの自由」演説から大西洋憲章、ロンドン宣言、連合国共同宣言に至るまで、ローズベルトの戦後処理構想は主に目的・内容に焦点が当てられていた。これに対し、カサブランカにおける声明、モスクワ宣言、カイロ宣言およびテヘラン宣言は、彼の戦後処理構想の方法・手段としての無条件降伏方式に関することであった。しかし、既に述べたとおり、ローズベルトの無条件降伏方式に対して賛成する者はほとんどいなかった。国務長官ハルはそれに反対であり、陸軍省、海軍省、またアイゼンハワー (Dwight D. Eisenhower) 将軍とマッカーサー (Douglas MacArthur) 将軍も反対であった。イギリスのチャーチル首相も、無条件降伏方式には問題があると感じていた。さらにテヘランでは、スターリンもまた、同方式についてローズベルトに再考を求めたのである。

　このように、無条件降伏方式はほとんどローズベルト一人によるものであった。しかし、そのローズベルトが死んだことにより、アメリカは国内的にも国際的にも同方式を緩和しうる状況となったのである。もし彼が生きていたならば、日本の終戦の状況は変わっていたであろう。ローズベルトはめったに現れることのない巨大な人物であったが、彼の構想には多分に理想主義的で実際性を欠く面もあった。彼に対する最大の批判点は、無条件降伏方式を強引に推し進めたことである、という見方もある。

　無条件降伏方式緩和の第二の要因は、ヒトラーが死に、ドイツが壊滅した結果、日本のみが連合国を相手に戦う状態になったことである。それによって、早く戦争を終わらせようという空気が流れたため、無条件降伏方式の緩和がやりやすくなったのである。それに加えて、第三の要因として、全世界の歓呼のうちに国際連合が法的に成立したことにより、平和ムードが世界に流れ、それが日本との戦争を早く終わらせる方向へ動かしたことも、無条件降伏方式の緩和につながったといえる。

　さらに第四の要因として、日本軍の頑強な抵抗とそれによる連合国軍側の多大の犠牲は、アメリカ政府を対日条件提示の方向へと動かした。例えば、一九四五年四月の米軍沖縄本島上陸は、日本の敗北を明瞭にする一方で、日本側の抵抗が手強く、アメリカ側の犠牲が多大であったことは、戦争の早期終結のためには無条件降伏方式の緩和が必要であるとアメリカ側に感じさせた。海軍長官フォレスタル(James V. Forrestal)は、すでに硫黄島を視察した際、戦争の進め方を変え、日本に条件を提示することを考えたといわれる。トルーマン(Harry S. Truman)大統領は一九四五年四月一三日の時点で、対日戦はあと一年半続くとの説明を受けていた。また、沖縄が陥落する五日前の六月一八日、政府と軍の首脳により日本本土上陸作戦が決定された。それによると、一九四五年九月に九州に上陸(オリンピック作戦)、翌一九四六年三月には関東平野に上陸(コロネット作戦)、そして同年一一月に作戦を終了するという予定のものであった。これに要する兵力は五〇〇万人、犠牲は一〇〇万人に上ると見込まれた。これらの作戦にはこのような多大の犠牲を伴うと判断された結果、無条件降伏を緩和して日本の降伏を促し、戦争を早期に終結させることが検討されたのである。

一九四五年四月一二日、トルーマンが大統領に就任した。彼はローズベルトよりスケールの一段低い実務型の人間であり、民主党右派に属していた。また彼は、反共産主義者であり、ソ連とは一緒にやっていけないとの考えの持ち主であった。翌一三日、トルーマンは政府および軍の首脳から当時の情勢について説明を受けた。それによると、日本との戦争は今後一年半を要し、かつ多大の犠牲を伴うということであった。もし日本に条件を示すならば、降伏を促進し、戦争終結の時期が早まるであろうと考えられた。

五月八日、トルーマンは声明を出し、ローズベルトの無条件降伏方式を修正し、緩和する考えを示唆した。それによると、ドイツはすでに敗北し、日本国民は我々の攻撃の重圧を感じている。戦争が長引くほど日本国民の苦悩と困憊《こんぱい》は増大し、しかもそれは何の役にも立たない。日本の陸海軍が無条件に降伏して武器を捨てるまで、我々は攻撃を続ける。軍隊の無条件降伏とは戦争が終わることであり、日本を今日の悲境に至らしめた軍部の指導者の勢力が終末を迎えるということである。

ローズベルトの言う無条件降伏とは、国家のそれを含むものであったが、トルーマンはこの声明において軍隊の無条件降伏についてのみ述べ、国家についてどうするかという点は避けている。これは明らかに、ローズベルトの無条件降伏方式とは違っていることを感じさせるものであった。

五月二八日、前年の一二月から国務次官を務めていたグルー(Joseph C. Grew)の案が、国務長官および陸軍長官らの賛同を得たうえでトルーマンに提出された。このグルー案は、ポツダム宣言のオリジナル・ドラフトと呼ばれている[★29]。それは、日本に対して要求を示して戦争を終わらせるという点でオリジナルであった。しかし、グルー案がそのままポツダム宣言となったわけではない。

一九四四年一一月三〇日、ハルが病気を理由に国務長官を辞任すると、翌一二月一日、エドワード・ステティニアス(Edward R. Stettinius)が後任として国務長官となり、その下にグルーが国務次官に任命された。グルーは八年間日本に駐在してアメリカ大使を務めた親日家であり、当時のアメリカにおいて日本の実情に最も通じていた。彼は太平洋戦争の始まった翌々年の一九四三年八月帰米し、日本にいたときの大使館のメンバーを数名連れて国務省に入った。国務長官ステティニアスは日本のことをほとんど知らず、またヨーロッパと国際連合のことに時間をとられていたため、日本に関してはほぼグルーが取り仕切った。陸軍長官スティムソン(Henry L. Stimson)によれば、グルーは一九四五年五月に入ると、対日和平についていろいろと画策し始めた。トルーマンはすでに五月八日の声明において、グルーの意見を求めている。

ところで、グルー案は日本に要求条件を示して降伏を呼びかけ、その条件の中に天皇制の存続をはっきりと打ち出す構想であった。グルーは、天皇がいかに日本人の心の中の存在であるかを痛感していた。しかし彼は、神秘主義的な神としての天皇を否定しつつ、それからの切り換えが行われ、政治権力から離れるならば、天皇制に問題はないと考えた。また彼は、日本には民主主義的でリベラルな分子も存在するゆえに、天皇制の存続を認めるとしても、彼らが中心となって戦後の日本を引っ張ってゆくであろうと考えた[★30]。グルーは陸軍長官スティムソンに相談したところ、彼はグルー案を支持した。スティムソンは満州事変のときの国務長官であり、アメリカにおける政治的実力者であった。

五月二九日、陸海軍長官等々が集まってグルー案が検討された結果、それは大筋で良いとされた。トルーマンは、グルー案は非常に良いので五月三〇日にでも発表してはどうかと述べるほどであった。このようにして、無条件降伏を修正し、日本に呼びかける要求の骨格は、グルー案においてできあがったといえる。

しかし陸軍参謀総長マーシャル(George C. Marshall)が、今、沖縄戦がたけなわであり、対日呼びかけによってアメリカが弱気になったと思われては困るので、グルー案の発表を沖縄戦が終わるまで遅らせるよう主張したところ、その意見は受け入れられた。

六月、沖縄は陥落した。七月二日、スティムソン案がトルーマン大統領に提出された。それは大筋においてグルー案と変わっておらず、海軍長官フォレスタルの意見を取り入れて、ワーディングを変えた程度であった。それが七月二日に提出されたのは、翌三日に、グルーやスティムソンとはある程度考えの異なるバーンズ(James F. Byrnes)が国務長官に就任することになっており、そのことによる時間の遅滞を懸念したためであった。トルーマンは七月三日、スティムソン案を検討するよう国務省に渡した。日本に対して示される条件の中で最大の問題は天皇制であったが、スティムソン案はグルー案と同じく、天皇の在り方を変えたうえでその存続を認めるとしていた。しかしバーンズ国務長官の考え方は彼らとは違っていたため、彼の手に案が渡ってから、それはとくに天皇の問題において微妙な変化を生じることになった。

ところで、ドイツはヒトラーの死後、どうなったか。一九四五年五月八日、ベルリンにおいてドイツ軍最高指揮官デーニッツ（Karl Dönitz）がドイツ軍を代表して、各連合国司令官との間で軍事的無条件降伏の文書（act of military surrender）に署名した。しかしデーニッツは、英米と休戦してソ連と戦おうとしたため逮捕された。五月二八日、各連合国司令官は、ドイツの国家権力は四国の各最高司令官が各国家を代表して継承し、掌握するという宣言を発した。これはドイツの国家の存在は認めるが、国家権力を形成し、発動する政府は存在しないことを意味した。このようにしてドイツは、連合国軍の直接の占領の下に置かれたのである。一方、ドイツとは異なり、日本に対しては間接占領が行われた。

（昭和六〇［一九八五］年五月二八日）

註

［★29］グルー案の下地となったのは、アメリカ国務省の戦後計画委員会（PWC）の文書である「米国の対日戦後目的」（PWC108）であった。（昭和六〇［一九八五］年五月二八日大学院）

［★30］ポツダム宣言第一〇項参照。なお以上の点をグルーがシカゴにおいて演説したところ、宥和政策であるとの批判がなされた。（昭和六〇［一九八五］年五月二八日大学院）

8 ポツダム宣言発出の背景(六)——天皇制をめぐる問題

一九四五年七月三日、バーンズ新国務長官は、前日に大統領に提出されたスティムソン案を自分のスタッフを集めて検討した。バーンズはグルーやスティムソンよりはローズベルトの方針を守ろうとした人物であり、また、二人の国務次官補、アチソン(Dean G. Acheson)とマクレイシュ(Arichbald Macleish)は、スティムソン案のままではいけないとして、かなり反対した。その結果、七月三日のうちに、スティムソン案に対する国務省修正案が大統領に提出された。この両案における争点は、天皇の問題、すなわち日本に対する宣言に天皇のことを出すかどうかということであった。

グルー案とスティムソン案においては、ポツダム宣言の第一二項の後段として、「このことは……ならば現在の皇統の下における立憲君主制を含みうるものとする」という文言が入っていた[★31]。バーンズらは、スティムソン案における「……ならば」ではしばりが弱いとして、それを強くするよう修正を求めた。しかし問題はこれだけではなかった。バーンズらは、日本に対する宣言において天皇制に言及すること自体、反対であった。例えば次官補のマクレイシュは、天皇の制度を残すことは危険であり、残さないより残す場合のマイナスのほうが大きいと感じていた。また、バーンズがポツダム会議に出発する前に、元国務長官ハルにポツダム宣言案を見せたところ、ハルはその内容に関して日本に譲りすぎであり、かねてよりの方針をあまりに崩しすぎているという意見を述べた。結局、天皇の問題に言及した部分はポツダムに行ってから落とされることとなった。その結果、実際のポツダム宣言は天皇の問題には一言も触れずに、日本の国家の在り方を根本から改革することを要求した。ただし、天皇が中心であり、柱であった明治憲法下の日本が国家の在り方を根本的に変えるということは、天皇の在り方を根本的に変えることをも当然含意していた。しかしながら、ポツダム宣言から天皇の件を落としたことは、後に大きな影響を及ぼすことになった。

グルーおよびスティムソンとバーンズらの間には、天皇の存在をどう認識し、評価するかという点で、見解の相違があった。グルーとスティムソンは、天皇は日本にとって不可欠であると考え、天皇のもたらしたマイナスの効果を認めつつも天皇の存在によるプラスの働きの方が大きいと評価した。これに対してバーンズらは、前述のように、天皇に関してマイナスのほうを大きく考える傾向があった。

また、グルーは、天皇を日本から除くと、アメリカが日本に乗り込んだ場合、中心を失い、ばらばらになった八千万の国民の管理をとめどもない期間にわたって続けることになろう、と上院において証言している。これに対しては、日本の従来の行き方の根は天皇にあるのだから、日本が新しい行き方をしてゆくためには天皇を残すべきではないという主張がなされた。なお、アメリカの国内世論は天皇制に反対であった[★32]。

ポツダム宣言で天皇制に言及した部分は、なぜ削除されたのか。もし削除されていなかったら、日本はぐんと早くポツダム宣言を受け入れ、その後の進展も違ったものとなっていたであろう。

次に挙げる三点は、前述の四点に加えて無条件降伏方式を緩和することに働いた要因であるとともに、天皇の問題をポツダム宣言に出すか否か、またいつ同宣言を発出するか、という問題にかかわることであった。第一点は、ソ連が一九四五年八月半ばまでに日本との戦争に参加することになっていたが、その一方でソ連とアメリカ等との協調が崩れ始め、一九四四年夏以降、次第に両者が分離する動きが出てきたということである。第二点は、一九四五年七月一二日から一三日にかけて、日本がソ連に対して、戦争終結の仲介役の依頼を申し入れるという動きを見せたことである。第三点は、アメリカが七月一六日、原子爆弾の実験に成功し、日本に対して使用可能となったことである。

無条件降伏を緩和してポツダム宣言を発するのは、戦争をもうこの辺で終えようということが目的であり、それは対日戦をアメリカがどのように見ていたかが前提となっていた。しかし問題は、日本に対する宣言をいつ出すかということであった。七月一七日からはポツダム会議が開かれることになっていた。主たる議題はドイツの後始末であった。

さて、先に掲げた三点のうち、第一点は以下のように説明される。最初、ソ連に対日参戦を呼びかけたのはアメリカの方であり、パール・ハーバーの翌々日、一九四一年一二月一〇日、アメリカはソ連にその旨申し入れた。しかしソ連は、対独戦に手がいっぱいであり、また日ソ中立条約があることを理由にそれを断った。その後もアメリカは、しきりにソ連の対日参戦を求めたが、ソ連は断り続けた。ところが一九四三年一〇月のモスクワ会議において、スターリンは国務長官ハルに対し、ドイツを打ち負かすことに成功したら対日戦争に参加すると告げ、ハルを驚かせ、かつ喜ばせた。また同年一一月のテヘラン会議では、スターリンはローズベルトに対し、ドイツが打倒されたらなるべく速やかに日本を攻撃する旨を一方的な約束のように伝えた。さらに、一九四五年二月のヤルタ会談において、ソ連はドイツの降伏後、二ないし三カ月後以内に日本を攻撃すると約束した。その際、いわゆるヤルタの密約が取り交わされ、ソ連は対日参戦の分け前として樺太、千島および満州権益(これは中国政府の同意を必要とした)を与えられることになっていた。ドイツ打倒後の一九四五年五月、ソ連は八月の初旬にはいつでも日本を攻撃できるよう準備を完了すると通告してきた。

一方、米ソの協調は崩れる兆しを見せつつあった。すなわち、バルカン諸国およびポーランドの問題におけるソ連の考え方と行動が次第に米英から同調されなくなり、両者の立場は対立的になっていった。一九四四年一二月三一日、ローズベルトはスターリンに電報を発し、ポーランドにおけるソ連のやり方を批判して怒りとともに強い反対意思の表明ともとれる指摘を行った。米英はロンドンにあるポーランド亡命政権を盛りたてようとしたところ、ポーランドを占領したソ連は共産主義的なルブリン政権を打ち立ててしまった。ローズベルトの電報は、このことがポーランド国民の意思を聞くことなしになされたとの詰問の電報だったのである。

バーンズ国務長官は後に『スピーキング・フランクリー(Speaking Frankly)』と題する著作において、冷戦はトルーマンが大統領になった後の一九四七年から始まったが、米ソの協調が崩れて対立する傾向はローズベルトの死の直後ではなく、既に一九四四年に生じていると指摘している。さらに、ポーランドのみならずドイツの占領管理においても、ことごとに米ソ間の軋轢が生じた。ヨーロッパにおけるそのような経過から、アメリカとしてはソ連に対日参戦させた場合の不安が出てきた。アメリカ政府は、ヨーロッパにおけると同様のことをソ連にさせてはいけないと考えた。そのため、ポツダム宣言による日本への戦争終結の呼びかけは、ソ連の対日参戦の前、つまり遅くとも八月半ば以前にならなければならないと考えられた。

次に、第二点は以下のように説明される。一九四四年頃からすでに、日本でも戦争を終えようという動きがあったが、連合国の無条件降伏方式が障害となって日本としてはとりつくしまがなかった。一方、ソ連は日本に対し、日ソ中立条約を更新する意思のないことを通告してきた。しかしその期限の終了は通告の一年後であり、その時点ではまだソ連は日本に中立であった。また、時の内閣は鈴木貫太郎内閣であり、戦争終結へと動いていた［★33］。そこで日本政府は、ソ連に働きかけて事態を戦争終結の方向へ持って行こうと考えた。ソ連への働きかけは、元駐ソ日本大使であった広田弘毅が行い、マリク（Yakov A. Malik）駐日ソ連大使との間で、一九四五年六月八日に広田・マリク会談が行われたが、ソ連側は応じなかった。しかし、六月二二日、天皇の御召しによる御前会議が開かれ、天皇の御諭しに従って戦争を終える方向に事を運ぶことに決まった。その際、天皇は具体的な事項には立ち入らなかったが、日本政府としては結局、ソ連を通じて行動するしかなかった。

七月一二日、日本政府からモスクワの佐藤尚武《なおたけ》大使へ、ソ連に連合国との仲介を求める申し入れを行うよう指示する電報が送られた。翌一三日、佐藤大使はソ連のロゾフスキー（Solomon A. Lozovskii）外務次官に、和平調停の依頼を申し入れ、近衛文麿公を全権大使として特派したいと伝えた。しかしソ連政府としては、翌日ポツダムに向かうため会談の準備に忙殺されているので、その申し入れを検討する余裕はないと返答してきた。日本側はこれを希望的に受け取ったが、ソ連にはそのつもりは全くなかった。

七月一四日、スターリンら一行はポツダムに向かった。そこにおいてスターリンは日本の対ソ申し入れをアメリカ側に伝えた。一方、アメリカはこのような一連の動きをキャッチしており、日本がソ連を通じて手を上げかけていることを悟った。しかし、アメリカにとって、戦争終結がソ連の努力によることはソ連に点数を稼がせることを意味し、好ましいことではなかった。そこでアメリカ政府は、ソ連に出遅れることなくポツダム宣言を出すことにより、日本に呼びかけて戦争を終わらせようとしたのである。

最後の三点目は以下のように説明される。アメリカは参戦後すぐに原爆の開発に着手していた。一九四五年七月一六日、原爆実験が成功し、それはポツダムにいるトルーマンに伝えられた。七月一七日、ポツダム会議が始まった。ここでポツダム宣言を出せば、日本はかなりそれに傾くだろう。かつ、原爆が手に入った。

しかし、日本に対して原爆を使用するか否か、また使用するとしてもどのようにして使用するかについては、いろいろな案が出された。例えば、原爆の存在を知らせるだけでよいとする案、日本の中の人のいない所に落とすとする案、あるいは広島、小倉、長崎また新潟に落とすとする案等があった。バーンズ国務長官は原爆不使用の立場であり、スティムソン陸軍長官は使用するとの立場をとっていた[★34]。結局、トルーマンは、ソ連が対日参戦してイニシアティヴをとる前に原爆を使用することを決心し、七月二四日、天候の許す限りいつでも原爆を投下できる態勢をとるよう決定を下した。次いで七月二六日、ついにポツダム宣言が発出された。

以上のように、日本に対する宣言をなるべく早く出すというタイミングの決定に大きく働いた要因のひとつは、七月一六日における原爆実験の成功であった。また、アメリカ政府は、原爆を手にした結果、ポツダム宣言において天皇制に言及する必要はなくなったと判断した。その結果、七月一二日にポツダムへ出発するときには宣言に含まれていた天皇制に対する言及が、発出直前にポツダムにおいて削除された。それゆえ、ポツダム宣言は天皇制に関して、直接には何ら言及しないで終わっている。

（昭和六〇［一九八五］年六月四日）

註

［★31］そこでは天皇をノミナル（nominal）な存在として残すことが考えられており、イギリス国王程度の地位が想定されていた。これはPWC108からSWNCC228まで一貫してそうであった。（昭和五九［一九八四］年五月二九日大学院）

［★32］連合国の間においては、イギリスは天皇の存在を評価する一方、ソ連は天皇制廃止論であった。中国は意見が割れており、蒋介石自身は天皇制を壊さないほうが良いと考えていた。（昭和五九［一九八四］年五月二九日大学院）

［★33］木戸幸一内大臣、東郷茂徳外相、重光葵らもそのように動いていた。（昭和五九［一九八四］年五月二九日大学院）

［★34］当時、アメリカ政府部内は二つの派に分かれていた。一方はバーンズ国務長官らであり、彼らは

天皇の問題には強硬、ソ連の対日参戦には賛成、原爆使用には消極的であった。もう一方はスティムソン陸軍長官らであり、彼らは天皇の問題には柔軟である反面、ソ連の対日参戦には慎重であり、その前に原爆を使用することに積極的であった。(昭和五九[一九八四]年五月二九日大学院)

9……ポツダム宣言に対する日本の対応

一九四五年七月二六日、ポツダム宣言は発出された。アメリカは事前に同宣言についてイギリスおよび中国に照会したところ、中国はそのまま承諾したが、イギリスの申し入れにより若干の修正がなされた。一方、ソ連に対しては、発出後、モロトフ外相にそのコピーを届けるに留められた。彼は発出を二、三日待ってくれるよう言ってきたが、バーンズ国務長官は、ソ連は対日参戦していないため米英中三国によってすでに発出されたと返答した。このような発出の状況から、アメリカがソ連の参戦前にポツダム宣言を出す意図は明らかであった。既に述べたとおり、アメリカとしては、できるならソ連の参戦前に日本を降伏させたかったのである。ポツダム宣言にソ連の意思は入っておらず、それは圧倒的にアメリカのものであった。

では、ポツダム宣言に対する日本政府の対応はいかなるものであったか。前述のとおり、日本はすでに六月二二日、天皇が出席した御前会議である最高戦争指導会議において戦争終結の方針を決定している。四月に成立した内閣の総理大臣鈴木貫太郎には、戦争を終えるための舵取りをする決意がこめられていた。ポツダム宣言を受け取った日本政府にとって、無条件降伏の緩和は明らかであった。それが実感として感じられたのは、ドイツの処理との比較からであった。ヤルタ宣言では、ドイツの戦後処理政策はドイツが最終的に打倒されるまで明らかにされないと発表され、実際そうなった。しかしポツダム宣言は、日本に対して条件を示していた。

ところで、ポツダム宣言にソ連が加わっていなかったことについて、日本政府はアメリカがソ連を出し抜いたとは思いもよらなかった。日本政府はポツダム宣言発出にソ連も関与していると判断し、それにもかかわらず同宣言にソ連が加わっていないのは、ソ連が依然として中立を保持していることの現れであると考えた。そのため日本政府はポツダム宣言に対して態度を表明しないで、ソ連からの何らかの連絡を待とうとした。また同宣言が直接には触れていない天皇の扱いについても、ソ連を通じてあたりをつけたいと考えていた。このように日本政府の見方は甘いものであった。七月一三日の佐藤尚武大使によるソ連への調停の依頼の申し入れに対して、ソ連は一八日、日本の申し入れは漠然としており、何とも応答のしようがないと佐藤大使に回答する一方で、すでに日本をたたくことに決めていたのである。

ポツダム宣言の副題は、「日本国ノ降伏条件ヲ定メタル宣言」となっていたため、日本政府内には同宣言を新聞に出すべきではないとの意見が出された。しかし、日本政府としては、今後の交渉において同宣言を基礎とすることになるであろうから、全然新聞に出さないわけにはいかないと判断した。その結果、ポツダム宣言の要約が項目的に新聞に出されたが、トップ扱いはされなかった。朝日新聞はある人の話として、ポツダム宣言は敵の謀略であると付け加えた。国民はほとんど反応を示さなかった。しかし軍部は、このような報道でさえ国民に動揺を生じるとして、ポツダム宣言を受け入れない旨の態度表明を政府に要求した。

七月二八日の定例記者会見において、記者団は鈴木首相に対し、政府はポツダム宣言をどのように考えているかと質問した。これに対して鈴木首相は、日本政府としての意思表示をまだしたくなかったのであるが、いわば問い詰められて、ポツダム宣言によって国内が動揺しないように配慮して次のように答えた。すなわち、政府としては、ポツダム宣言はさして重要な意味のあるものとは考えず、これを黙殺する、また、我らは断固戦争の完遂に邁進するのみである、と語った[★35]。しかしこの「黙殺」という語が、本来ノーコメント・プラス・アルファ程度の意味で使われたのに対して、外国へ伝えられる際、それより強い意味を含む英語すなわち"reject"あるいは、"ignore"に訳された。連合国、とくにアメリカは、ポツダム宣言に対する日本の態度表明を待っていたが、そこにこの鈴木首相の記者会見のニュースが入ってきたため、日本政府としては同宣言を拒否するものと受け取られた。一方、日本政府は翌月に入っても何ら公式の反応を示さなかった。

八月六日、ついに広島に原爆が投下された。翌七日、トルーマン大統領は広島への原爆投下を明らかにする声明を出した。「広島が一瞬にして吹っ飛んだそうだ」という話が東京に伝わるほど、それは日本に衝撃を与えた。当時、日本でも原爆の研究がなされていたが、開発というところまでは至っていなかった。日本の学者は、この戦争中に原爆が開発されることはないだろうと考えていた。ところがアメリカは、莫大な予算をつけて原爆の開発に着手し、成功していたのである。

さらに八月八日夜遅く、ソ連がソ満国境および樺太において攻撃を開始した。次いで九日午前四時頃、ソ連は対日宣戦を布告した。それと同時にソ連はポツダム宣言に加入した。日本は原爆投下に加えて、先に調停を依頼していたソ連の参戦により、万事休すとなった。その結果、日本はついにポツダム宣言受諾へと動き始めた。

八月九日午前一〇時、最高戦争指導会議が天皇の出席なしで開かれ、ポツダム宣言を受諾すべきか否かが話し合われた。すでに六月二二日の御前会議における天皇の御諭しにより、戦争終結の方向で一致努力することになっていたこともあって、全員が戦争を終結することでは共通していた。しかし、ポツダム宣言を無条件で受けるか、それとも日本側の要望を入れるかで意見が分かれた。ただし、天皇の国法上の地位には何ら変更が生じないことを確認できそうであれば受諾することでは全員共通であった。東郷茂徳外相および外務省は、天皇のことは暗黙のうちに容認されているから条件を付けない方が良いと考えた。しかしながら、軍部は天皇の地位の確認のうえに、さらに条件を付けることを要求した。それは次の三項目であった。第一に、連合国は日本本土に上陸せず、占領しないこと、第二に、日本軍は自主的に撤兵し、復員すること、第三に、戦争犯罪の処罰は日本で行うこと、であった。

この会議が開かれていた八月九日、今度は長崎に原爆が投下された。これは、アメリカが複数個の原爆を保有していることの証拠であった。最高戦争指導会議はいったん中止され、政府は閣議を開いた。鈴木首相は各大臣のはっきりした返答を求め、大部分の閣僚は天皇の一点に要求を絞るべきであるとした。若干の者は軍部の条件のいくつかを付けるよう主張したが、軍部の要求は明らかにポツダム宣言に反していた。鈴木首相は、これ以上ぐずぐずすることはもはや許されないと考えた。

九日夜一一時三〇分、再び最高戦争指導会議が召集された。今回は天皇の出席する御前会議として開かれた。しかし一〇日午前二時を過ぎてもなかなか結論が出ず、鈴木首相を除く参加者の意見は三対三、真二つに割れた。そのとき鈴木首相は天皇の前に出て、天皇の考えによる決定を求めた。天皇は、ただ一点の条件にしぼる政府側の案に賛成した。その結果、天皇の地位に変更がない旨をおりこんだうえでポツダム宣言を受諾することとなった。八月一〇日付の連合国に対する日本政府の申し入れは、「天皇ノ国家統治ノ大権ヲ変更スルノ要求ヲ包含シ居ラザルコトノ了解ノ下ニ受諾ス」という要求を含んでいた。「天皇ノ国家統治ノ大権」という表現は、外務省の第一原案では「天皇ノ国法上ノ地位」となっていたところを、先の御前会議において反対があったため変更されたものである。前者の表現は英訳によると、"the prerogatives of His Majesty as a sovereign ruler"となっており、これは原理としての天皇主権の意味とともに実定の憲法上の権限全体を含むものであった、後者の表現よりは鋭い要求を意味した[★36]。

これに対する八月一一日付の連合国からの回答は、「降伏ノ時ヨリ天皇及日本政府ノ国家統治ノ権限ハ……連合国最高司令官ノ制限ノ下ニ置カルルモノトス」[★37]、また「日本国ノ最終的ノ政治形態ハ『ポツダム』宣言ニ遵ヒ日本国国民ノ自由ニ表明スル意思ニ依リ決定セラルベキモノトス」としていた。これはアメリカ側が考えた回答であり、形式と実質、表と裏をはっきり意識して書かれていた。日本からの申し入れに対してアメリカ政府は、日本が条件を付けてきたと感じた。事実そのとおりであった。しかしポツダム宣言は要求条件を掲げつつ、その受諾については日本側からの条件を付けさせないとするものであった。日本政府の申し入れに対する回答に関してアメリカ政府は、英中ソに意見を求めた。ソ連は日本の申し入れを蹴飛ばすよう要求した。イギリスはアメリカ政府の回答文に対し、ほんの若干の修正を求めたのみであった[★38]。また中国はその回答文でけっこうであるとした。

アメリカ政府としては日本政府の申し入れを蹴飛ばすこともできたが、それは望むところではなかった。それでバーンズ国務長官は、原案どおり回答することにした。しかし、日本の申し入れに直接答えることは交渉によって一つの新しい条件を設定することであった。それを避けるため、天皇の地位に変更があるともないとも言わず、日本の要求に対して答えないようであって、実は答えているように回答がなされた。すなわち、天皇および日本政府が連合国最高司令官の制限の下に置かれるということは、裏を返せば、制限はあるが天皇の存在は認められるということを意味した。また、日本国の最終的な政治形態(ultimate form of government)が日本国民の自由に表明する意思によるということは、国家の基本的なあり方、日本国民が自ら決めるということであり、それには当然、天皇の問題も含まれていた。アメリカ政府の用意した回答文は、文言上、天皇制廃止、明治憲法下とは異なる天皇制、あるいは明治憲法寄りの天皇制のいずれとも解釈可能であった。当時の日本国民の意思は天皇を守りたいというものであり、この回答により少なくとも天皇制が廃止されることはないという含意(implication)が示されていたといえる。ただし、天皇を存続させることになるとしても、それは日本国民の意思に基づくものであるゆえに、明治憲法下の天皇とは本質的に異なり、国民主権に基づく天皇であることになる。この回答はポツダム宣言第一二項ですでに述べられていることを繰り返しており、新しいことを言っているのではないが、裏面では天皇の存在を認めているという実に巧妙な(skillful)文書であった[★39]。

スティムソンは後にその著作において、次のように述べている。八月一〇日、ワシントンは戦争が終わるということで非常に熱狂していた。日本からのラジオ放送は日本が降伏することを告げていた。ホワイトハウスでは大統領の下に会議が開かれ、この機会を何とかものにしようとした。しかし日本の申し入れにある条件を入れることには問題があった。日本の申し入れがなくとも天皇を存続させ、我々の指揮官の下に置くことによって、激しい戦いを避けることができる。バーンズ国務長官は私（スティムソン）が前もって用意していたものに従って、回答文を起草した。これは大統領によって承認された。それは日本側の条件を直接的に入れることを避けて、日本が確認したいと思うことを一応示すものであった。それはポツダム宣言以外に何らの条件をも加えるものではなかったが、言外に天皇の地位を承認したのである。

しかし、八月一一日付回答を受け取ってからも、日本政府はその回答の法的意味を正確に汲みとれず、最高戦争指導会議および閣議の態度はまとまらなかった。天皇の問題が最後まで論争点であり、軍部および右翼よりの閣僚は、日本の最終的政治形態が日本国民の意思によるという点を指摘して、これでは日本の申し入れは容れられていないと主張した。

八月一四日、天皇の御召しによる御前会議が開かれた。これは最高戦争指導会議と閣議を併せた形で天皇の前で開かれた会議であった。そこで天皇は次のように述べた。すなわち、あちらの回答はこちらのことを相当好意的に考えてくれているように思われる。この回答でよろしいと思うからポツダム宣言を受諾することにする。自分はどのようになってもかまわないから、これ以上国民が犠牲になることのないようにしたい。国民が残れば日本はまた立ち上がることができる。

このようにして、ポツダム宣言受諾が天皇の決定としてなされた。それを明らかにしたのが詔書であり、八月一四日夜一一時頃、交付の手続がとられると同時に、その旨の通告が連合国に対してなされた。また国内では、八月一五日正午、天皇がラジオ放送を通じてポツダム宣言受諾を発表した。軍の一部はその録音盤を奪おうとしたり、鈴木首相や木戸幸一内大臣の家を襲撃したが、それは無駄に終わった。

以上のようにして、太平洋戦争はついに日本のポツダム宣言受諾により幕を閉じたのである。

（昭和六〇［一九八五］年六月一一日）

註

［★35］鈴木首相の「黙殺」発言の裏には国内的配慮のほかに、日本がスイスやスウェーデンを利益代表国としてアメリカに打診できたにもかかわらず、仲介依頼の申し入れをしたソ連の返事を待っていたという事情があった。駐ソ日本大使佐藤尚武は、ソ連が日本の申し入れに何かしてくれると期待するのは危険であるといっていたが、そのとおりとなった。このように、日本はソ連の意図を見抜くことができなかった。（昭和六〇［一九八五］年六月一八日大学院）

［★36］このように日本政府の申し入れは、天皇主権が原理および実定法的に変わらないという意味でなされた。明治憲法第一条は、そもそも日本においては天皇が統治するということを原理の規範として述べており、このうえに天皇は実定法化された国家権力を有したのである。また、明治憲法第四条は、天皇が元首として統治権を総攬すると述べているが、それは、国家権力を三権に分けるが根のとこ

ろは天皇が握り、天皇が主体となって国家権力を行使するということを意味した。（昭和六〇［一九八五］年五月七日大学院）

［★37］「制限ノ下ニ置カルルモノトス」という部分の英文は、"...shall be subject to..."という表現になっており、従属することを意味した。そのようにそのまま訳されなかったのは、軍部に対する配慮からであった。（昭和六〇［一九八五］年六月一八日大学院）

［★38］イギリスは回答文に、"until further notice"という留保を付けるよう申し入れたが、アメリカは受け入れなかった。（昭和五九［一九八四］年六月五日大学院）

［★39］この回答文を作成したバーンズ国務長官に対し、ハルはそれを"skillful document"であると賞賛した。（昭和五九［一九八四］年六月五日大学院）また、ダレス（John Foster Dulles）は、バーンズが両者の言い分が立つようにできる能力の持ち主であると語っている。（昭和六〇［一九八五］年六月一八日大学院）

10　ポツダム宣言の受諾によって生じた状態と法的意義

ポツダム宣言受諾を表明した一九四五年八月一四日の詔書には、「国体ヲ護持シ得テ」戦争を終結する旨が述べられている。また、同日の内閣告諭においても、いまや国民の向かうべきところは国体の護持にある、とされている。このように、ポツダム宣言受諾にあたり、日本側の最大の願いは国体護持にあった。しかしこれは、連合国の要求を受け入れたうえで言っていることであるか。連合国と日本の間に認識のずれはなかったのか。ポツダム宣言はアメリカ的な表現をしているのに対し、国体というのは日本的観念である。ポツダム宣言受諾時に、天皇およびその政府はどのように考えていたのか。

国体には三通りの捉え方がある。第一の捉え方は、天皇が主権を有し、国家統治権をもつとするものである[★40]。第二の捉え方は、天皇と国民の間に心の繋がりがあるという意味で、天皇が国民にとって精神的存在であるとするものである[★41]。第三の捉え方は、最もプリミティブ(primitive)であって、単に天皇が存在するということを指すとするものである。

国体とは要するに、天皇の問題に他ならない。とくに、八月一四日の詔書および内閣告諭で述べられている国体の護持とは、明治憲法下の天皇が維持されることを意味した。しかし、それは裏を返せば、ポツダム宣言の要求が理解されていなかったことを意味した。なぜならば同宣言は、明治憲法下の天皇をそのまま容認するものではなかったからである。ポツダム宣言の最大の要求は天皇の在り方を変えることであった。このような連合国と日本との間における認識の違いは、後々まで尾を引くことになった。

同宣言には天皇について何も言及されていないが、それは天皇の存在を認めないという意味ではなかった。既に述べたとおり、原案には「現在の皇統の下における立憲君主制を含みうるものとす」という表現が含まれていたが、それは発出直前に削除された。グルーやスティムソンは、それを入れたら日本の受諾が早まると主張したが、バーンズらは、日本に対する条件としてそこまで出す必要はないと考えたのである。天皇に関する言及が削除された結果、七月二六日発出のポツダム宣言に対して日本側の受諾は遅れ、八月一四日まで延びたのである。このように、アメリカのポツダム宣言発出においても、また日本の受諾においても、天皇が最大の争点であった。

では、ポツダム宣言受諾により、日本はいかなる状態に置かれたのか。ポツダム宣言の要求条項の眼目は、日本の国家のあり方を変革する改造にあった。その内容は、日本が平和、人権および国民主権の国家となることであった。ポツダム宣言は日本側に受諾されることによって合意となった。そしてその変革のための方法として、それは連合国軍の占領下でなされるとともに、天皇と、その政府を通じ、日本国民の自由に表明する意思によってなされることとされた。

繰り返しになるが、ポツダム宣言は日本側によって受諾されたことによって合意となった。合意はひとつの法である。それゆえ、連合国は権利をもつ立場に立つ一方、日本は義務を負う立場に立った。ポツダム宣言は普通の合意の場合と異なって、連合国は権利をもつ立場であるが、受諾およびそれによる降伏もまた意思である。すなわち日本は、そこにおいて選択し決意し、ポツダム宣言を受諾したのである。連合国の八月一一日付回答は、天皇およびその国家統治の権限の存続を認めており、ポツダム宣言受諾後も日本は依然として国家であり続けた。この点は、ドイツとは対照的であった。ドイツの場合、ヒトラーは自殺し、ドイツの政府は消え去った。その後、連合国は宣言を発し、ドイツの国家権力は各連合国の最高司令官に承継されたのである。

ポツダム宣言の受諾は、日本が平和、人権および国民主権の国家になることを受諾したことを意味したが、それは同時に、日本国憲法の原理が決定されたということであった。しかも、この原理の決定は日本だけで行ったものではない。国際的なものとして、連合国が要求し、日本が受諾することによって、いわば受動的に日本はそのような原理の決定を行ったのである。これは、フランス憲法やアメリカ憲法における原理の決定が能動的に国民によってなされたのとは対照的である。

一方、原理の決定だけで憲法ができるのではなく、そのためには原理が実定的に具現されること、すなわち憲法典の制定が必要である。

日本国憲法において、原理の決定後から憲法典制定に至る過程は、連合国軍の占領の下に行われた。それは、天皇主権から国民主権への確実な転換のため、換言すれば、ポツダム宣言の内容を実現するためであった。しかし、憲法は国民の心によって支えられるゆえに、外国の軍隊によって新しい国家の在り方や憲法典が決定されるのは好ましいことではない。また、ポツダム宣言の要求の一つは、基本的人権の尊重であった。これらの理由から、憲法の制定は日本国民の自由意思によることが必要であった。つまり改革の主体は日本国民なのである。しかし、占領されつつ国民の自由意思に基づくというのは易しいことではなかった。そのため、日本国憲法の制定の過程は波乱多きものとなった。すなわち、原理の決定ばかりでなく、日本の新しい憲法典の制定もまた、国際的、受動的なものとなった。ただし、明治憲法から日本国憲法への切換自体は日本国民に拠ったのであり、具体的には憲法議会がそれを行った。

ところで、ポツダム宣言の発出から受諾の過程において出てくるもう一つのファクターが存在した。同宣言には述べられていないが、新たな憲法の制定は天皇およびその政府を通じてなされるということである。なぜならば、ポツダム宣言が発出されたのは天皇およびその政府に対してであった。また、日本側における八月一〇日付申し入れおよび八月一四日付の受諾の通告も、天皇およびその政府が主体であった。さらに、八月一一日付の連合国回答もまた、天皇およびその政府に宛てられたものであり、しかもそこでは、天皇およびその政府の存在を認める旨が示されていた。その結果、占領軍は天皇およびその政府を通じて、日本の国家改造を行うこととなった。一方、占領が進むに従って、天皇主権は国民主権となり、その切換自体は日本国民の意思によることとされたのである。

（昭和六〇［一九八五］年六月一八日）

註

［★40］治安維持法における国体とはこの意味であった。（昭和五九［一九八四］年六月一一日、一二日大学院）

［★41］明治憲法下の日本は、国家を大きな一つの「家」として考えた。忠孝という観念で天皇と国民の関係も、国体と言われたのである。（昭和六〇［一九八五］年六月一八日大学院）

11　日本占領の性格

ポツダム宣言は、そこに掲げる基本的目的を達成するため、日本を連合国軍の占領下に置くことを要求していた。この占領は、国際法上一般にいわれている占領とは随分違ったものであった。一般国際法上の占領は、占領軍が占領地の法を尊重するのが原則である。すなわち、一九〇七年のハーグ陸戦法規（陸戦ノ法規慣例ニ関スル条約）は、第四三条において「国ノ権力カ事実上占領者ノ手ニ移リタル上ハ、占領者ハ、絶対的ノ支障ナキ限、占領地ノ現行法律ヲ尊重」すべきことを定めている。

そもそもハーグ陸戦法規における占領とポツダム宣言における占領は、次の三点で異なる。第一に、前者は確立された国際法規、一般国際法上のものであるのに対して、後者は日本と連合国の合意によるものである。第二に、前者は休戦あるいは停戦以前の戦争継続中のものであるのに対して、後者は日本が降伏して戦争が終結した以後のものなのである。第三に、ポツダム宣言では、日本の国家改造のため日本の法を変革することがそもそも目的とされ、その確保のための占領とされているのである。ポツダム宣言に基づく日本の占領を、一般法に対する特別法の関係において考える立場もあるが、以上の三点から考えて肯定することはできない。また、ポツダム宣言に基づく占領をハーグ条約違反というのは、妥当ではない。それは新しい型の占領であって、戦争のない国際社会の実現を目的とする連合国の戦後処理政策によるものであった。

それでは、この日本に対する占領は、いかなる性格のものとしてなされたのか。その特徴はまず、①連合国によって共同になされ、②日本を単一不分割のものとしてなされる占領であった。

対日占領の基本的性格は連合国の共同管理というものに関していえば、ポツダム宣言の発出時においては、連合国は米英中の三国であり、受諾時においては米英中ソ四カ国であった。そして、一九四五年九月二日の降伏文書調印時には、さらにフランス、オランダ、カナダ、オーストラリアおよびニュージーランドの五カ国が加わるなどして、最終的には一三カ国にのぼった。これらのうち米英中ソの四カ国は主たる連合国と呼ばれていたのであった。しかしその中で指導的、支配的であったのはアメリカであった。

②の不分割の点に関しては次のとおりである。ドイツの場合は米、英、ソ連とフランスの四国によって分割占領がなされ、各占領地域の最高司令官がそれぞれ占領管理を行った。日本については、ソ連が八月一一日、連合国最高司令部を二人制とし、その一人をソ連軍人とすること、北海道の北半分を占領することを要請したが、アメリカはいずれも拒否したのであった。アメリカはドイツ等の状況からして、ソ連と地域を分けて占領管理を行うことは、ソ連と協調ができない

以上、好ましくないと考えた。その結果、日本は不分割占領されることになったのである。なお、アメリカでは軍の関係者により日本の分割占領案が考えられたこともあったが、米ソの協調が崩れていくにつれて、分割占領が実際の案とされることはなくなった。

また、占領は日本の全域にわたって行われた。すなわちそれは、全面占領であった。ポツダム宣言第七項によれば、占領がなされるのは「連合国ノ指定スベキ日本国領域内ノ諸地点」となっており、それはかならずしも全面占領を意味するものではなかった。しかし実際には全面占領がなされたと言ってよい。

②の単一とは、単一の権力すなわち連合国軍最高司令官の権力を意味した。アメリカ軍人の最高司令官の下に占領軍が置かれた。占領軍は主たる連合国によって構成するとされ中国は占領に加わるよう招きを受けたが、内戦のためそれどころではなかった。これら四カ国は、連合国最高司令官の下に地区を分けて占領に参加するとされたのであるが、ほとんどがアメリカ軍であり[★42]、それに若干イギリス軍が加わった程度であった。また、オーストラリアとニュージーランドの両軍がある程度加わった。ソ連は、アメリカ人の最高司令官の指揮の下におかれるソ連軍を出すことはできないとして参加を拒否した。日本の占領分担地域は四つに区分され、アメリカ軍占領地域やイギリス軍占領地域というような地域はできたが、そのトップにはアメリカ人の最高司令官が存在した。

日本占領の特徴として次に挙げられるべきことは、③主として間接占領がなされ、必要に応じて直接占領を加えるとされたことである。すなわち、最高司令官は、日本国民を直接支配するのではなく、覚書、指令あるいは口頭で日本政府に命じ、それを、日本政府は法律の改廃を行うか、急ぎの場合には緊急勅令およびその委任に基づく勅令を発することによって実施したのである。

一方、直接占領とは直接に日本国民を支配することを言うが、これは例外的に行われるものであり、極めて稀であった。例えば、戦犯の逮捕はこれにあたる。それは、日本政府を通すと、戦犯が自殺するおそれ等があったからである。なお、沖縄では一貫して直接占領がなされた。付け加えておくと、連合国は九月二日の降伏文書調印直後、日本政府に直接占領を行うことを通告し、その旨の天皇の宣言(proclamation)を発すること、また、貨幣については連合国の出す軍票を使用すること等を申し渡した。しかし日本側は、責任をもって完全に最高司令官の命令を実行するので間接占領とするよう交渉した。その結果、九月四日、当分の間、間接占領でいくことが決定された。このように当初、連合国が直接占領を行おうとしたのは、連合国としては日本が本当に何事もなく占領状態に入っていくとは必ずしも思われず、不測の事態を想定したからであった。しかし、八月二八日にアメリカ軍が初めて日本に到着して以来、日本ではほとんどトラブルが生じなかったため、連合国も安心して占領終結まで間接占領で通したと考えられる。

占領の直接間接は、日本国憲法の制定とどのような関係があったのか。最高司令官マッカーサーが近衛公、次いで幣原首相に対して憲法を改革する必要があると指示したことは、連合国側が間接的に事を行うことの現れであった。しかし、日本政府の案すなわち松本案はポツダム宣言の要求からあまりに遠く離れていたために、総司令部が直接、案を作成し、日本側に渡す結果となった。このように、憲法改正案の作成についてマッカーサーは間接的に行おうとしたが、しかし必要に応じて直接的なものを加えたのである。それは日本国憲法の制定過程に大きく影響した。

では、なぜ間接占領が主とされたのか。間接占領の方針は、ポツダム宣言の実行は天皇およびその政府を通じてなされるとした連合国の八月一一日付回答においてすでに示されている。そもそも、戦争を終結するためには、またそのあと国家改造を行うためには、天皇およびその政府を相手とし、それを介することがベターであるとの狙いは、ポツダム宣言の発出そのものにあったのである。ドイツの場合、完全に打倒された結果、政府が存在しなくなったため、占領軍は全てのことをやらねばならなかった。これは非能率的なことであった。そこでアメリカは、日本に対しては条件を示して受諾させ、それによって戦争を終わらせたあと、その条件を日本政府を通じて実現した方がよいと判断した。これが、ポツダム宣言における無条件降伏緩和の狙いであった。それゆえ間接占領は、ポツダム宣言の当然の帰結であったといえる。

ところで、日本に対する占領は、連合国による共同のものとしてなされたのであったが、その実態はほとんどアメリカによるものに近かった。ドイツの占領管理においては、米英仏ソ各占領地区の最高司令官によって構成される管理委員会（Control Commission）がベルリンに置かれ、各占領地区の最高司令官はその決定に反しない範囲で支配を行うことになっていた。しかしこの管理委員会は、実際には各国の拒否権の存在により機能しなかった。

占領に関しては、方針および政策の決定という立法的側面とその実施という行政的側面がある。日本の占領において後者の任に当たる連合国最高司令官に任命されたのは、アメリカ軍の太平洋地域陸軍最高司令官のマッカーサーであった。占領政策の実施の面は一〇〇パーセント、アメリカによって行われた。そしてこの任命は、八月一四日、日本のポツダム宣言受諾の通告のあった直後になされたのであった。なお、彼が日本の土を踏んだのは八月三〇日のことである。

占領政策は連合国として共同で行うものである以上、他の連合国と協議し、その意思も盛り込まれるべきであった。戦争終結の直後においては、その機能を果たしたのが、九カ国代表からなる極東諮問委員会（Far Eastern Advisory Commission）であった。この委員会は日本の占領に関する方針案を連合国に勧告する権限のみを有し、決定は各連合国政府が協議して行った。

極東諮問委員会の設置の提案を行ったのは、八月二一日、アメリカであった。これに対してイギリスは、諮問委員会ではなく管理委員会を設け、そこで占領の方針を決定したいと申し入れた。アメリカは八月二三日、まずは極東諮問委員会を設置して、それからイギリスの提案を検討することにしたいと回答した。一方、ソ連も九月七日、管理委員会を設置するよう提案した。しかし話がまとまらず、イギリスがまず折れて、結局、極東諮問委員会が設置されることになった。一〇月三〇日、極東諮問委員会は第一回総会を開いて発足した。そしてそこにおいて管理委員会を設置する案が検討されることになった。しかしソ連は不参加であり、極東諮問委員会の外にあってアメリカに管理委員会をつくるよう要求し続けた。結局、一二月二六日、モスクワ外相会議において、極東諮問委員会は極東委員会に改組され、そこで占領に関する方針および政策の決定が行われることになった。

この間、マッカーサーはアメリカの決定による拘束を受けるにとどまった。また、極東諮問委員会において協議される原案は、ほとんどアメリカによるものであった。それは、アメリカが対日開戦の翌年から対日戦後処理の研究および準備を行っていたからであった。また、戦争の遂行においても力になったのはアメリカであり、ポツダム宣言もほとんどアメリカによるものであったからである。ポツダム宣言は要求およびそのための方法の両面の条件において、アメリカ的であった。先に述べたように、日本国憲法の原案はアメリカに拠ることになったが、たとえそうでなくとも、以上のような状況の下では日本の憲法はアメリカ的なものとなっていたと考えられる。

（昭和六〇［一九八五］年六月一八日、二五日）

註

［★42］一九四五年九月いっぱいで約一〇万人のアメリカ軍が日本に到着し、その後、結局一五、六万人にまで増強された。また、総司令部のシヴィリアンの構成も、ほとんどがアメリカ人で占められた。（昭和五九［一九八四］年六月一一日大学院）

12 占領管理の開始と憲法改正の指示

ポツダム宣言受諾による日本国憲法の原理の定立は、既に述べたとおり、受動的なものであったが、原理の具体化としての憲法典の制定もまた、多分に受動的性格を帯びることとなった。

一九四五年八月一五日、鈴木貫太郎首相は、終戦処理は臣民としてあるべきことではないので宮様にやって頂きたい、として内閣を総辞職した。その結果、八月一七日、東久邇内閣が成立した。東久邇稔彦首相は宮様であり、かつ陸軍大将であった。そのため、これは、軍を武装解除して解体するという作業に合わせた任命であったといえる。当時、日本の内地だけで三三六万人の兵がおり、また外地にも多くの兵士が残っていた。この内閣において実際上きりもりする副総理として、近衛公が無任所の国務大臣で入閣した[★43]。それゆえ、この内閣は実際上、東久邇＝近衛内閣であったといえる。基本的人権と平等の見地から連合国が見ると、宮様が首相になることはおかしいともいえる。しかし、天皇およびその政府を通じてポツダム宣言の要求する改革がなされることになっていたという経緯から、この内閣は成立した。一方、この内閣の使命は終戦処理と国体護持にあった。だが既に述べたとおり、その場合の国体とは天皇の国家統治の大権すなわち天皇主権を意味したゆえに、それはポツダム宣言の要求と相容れるものではなかった。

九月二日、日本は連合国との間の降伏文書に調印した。これは、日本の政府および軍の代表[★44]がマニラへ派遣されて手渡された降伏文書に、日本側代表が黙ってサインしたものである。降伏文書調印の意義は、無電によって行われたポツダム宣言受諾を確認し、日本側がその要求の誠実なる実行を約束したということである。同日続いて、一般命令第一号(General Order No.1)が発せられた。これは軍事に関する措置であり、日本軍の武装解除と解体を命ずるものであった。これらの経過において、連合国からすると意外なまでにほとんどトラブルは生じなかった。それは、天皇の決定による戦争終結だったからであり、また、宮様が中国大陸や南方に派遣されて、終戦が天皇の命令であることが知らされたからであった。

九月一一日および一三日には、東条英機をはじめとする戦争犯罪人の逮捕が行われた。これは、ポツダム宣言第一〇項に要求されていた事項であった。すでに一九四三年一一月二七日のカイロ宣言において、米英中三国は日本の侵略を制止し、これを罰するために戦争を戦いつつあるものである、と述べられている。このように、連合国の戦争は単に日本を軍事的に打倒するだけでなく、日本を罰することを目的としていた。つまり連合国、とくにアメリカは、この戦争にアウトローへの懲罰という意味をこめていた。連合国からすれば、武力行使に訴えて侵略を行った日本は国際法違反であり、責任者は戦争犯罪人として処罰されるべきであった。これは、国際法における新しい現象であり、戦争を犯罪と考えることは一つの発展であったといえる。しかし極東軍事裁判およびニュールンベルグ裁判については、今後も議論が続けられよう。

九月一七日、マッカーサーは横浜から東京へと入った。占領軍が続々と日本にやってきていたにもかかわらず、マッカーサーが東京に入るのがこの日まで延びたのは、占領の体制が十分に整わず、天皇のいる東京へ彼がすぐに入ることは日本人の心理に刺激を与えるかもしれないとして、万一のときのことを考えたからであった。一方、九月二日に日本政府は、最高司令官が東京に入らぬよう申し入れたのではあるが、それは聞き入れられなかった。

九月一八日、東久邇首相の連合国記者団との会見が行われた。その席で憲法改正に関する質問が出された。これに対して首相は、「我々は連日、総司令部の矢継ぎ早の要求に追われて、それを実行するのに全力を挙げている状態である。内政面についてどういう改革を行うべきか考える余裕がない」と答えた[★45]。また、当時、国民は敗戦によって放心虚脱の状態であるとともに、物質の不足に悩まされていたのである。

九月二二日、日本の占領管理の政策・方針・方法に関する「初期対日方針」がアメリカ政府によって発表された。マッカーサーはすでに八月二九日、この内容をラジオで聞いており、その最大の狙いが日本の国家の改造であることは心得ていた。

九月二七日、天皇とマッカーサーの会見が行われた。これは天皇側から申し出たものであり、会見の際には奥村勝蔵外務相条約局長が随伴した。マッカーサーは丁重に天皇を迎えた。天皇はこのときのことは話さないとマッカーサーと約束したとして、自らは知らせていないが、マッカーサーは後に回想録の中で天皇が述べたことを明らかにしている。すなわち、天皇は彼に対し、「私は、国民が戦争遂行にあたって政治軍事の両面で行った全ての決定と行動に対して一切の責任を負う者として、あなたが代表する連合国の採決に委ねるためにお訪ねした」と述べたと記録されている。この言葉に対してマッカーサーは、大きな驚きと深い感銘にうたれた。この点は、彼が天皇の在り方の問題を考えるうえで相当の影響があったと思われる。

一〇月四日、近衛公が奥村条約局長を伴ってマッカーサーを訪ね、行政府・議会の構成等、日本の国政において改めるべき点について心得るべきことを尋ねた[★46]。マッカーサーは近衛公に対し、第一に憲法は改正を要することを指示(direct)した。また彼は、それはできる限り早急になされなければならず、そうでないと摩擦を覚悟してでも総司令部の方でそれを行わなければならなくなると述べた。最後に彼は、近衛公が敢然としてこの改革の陣頭に立つよう述べるとともに、その際、詳しいことは彼の政治顧問であるアチソン大使から聞くよう告げた[★47]。こうして、ここにおいて憲法改正が現実の問題として現れたのである。このマッカーサーの指示は副総理の近衛公を通じて日本政府に告げられたものであるといえる。会談後、近衛公は東久邇首相および木戸内大臣と相談している。ところで当時の新聞は、これを憲法改正の「示唆」と伝えたが、そうではなく明らかに改正を「指示する（direct）」であった。

一方、同じく一〇月四日の夕方、「自由の指令」が出された［★48］。これは精神的自由の分野に関する指令であり、思想・信教・出版・集会および結社の自由を妨げる一切の法令の即時の廃止を命じた。またそれは、そのような法令に違反したかどによる受刑者（著しい例としては治安維持法違反の共産党員）を直ちに釈放することを命じた。さらにこの指令によって、そのような法令の実施の責任者である内務大臣、警視総監および特高警察に従事していた者は罷免された。「自由の指令」はこのようにして、後に日本国憲法が定める精神の自由を実質的に実現するものであった。しかしそれは、占領軍の管理の下になされたという点で、日本国憲法の保障する精神的自由とは異なる。

「自由の指令」の発せられた一〇月五日、東久邇内閣は総辞職した。彼らの国体維持の観念は維持されえなかったのであり、また、彼らにはポツダム宣言の要求の意味するところがわかっていなかったのである。

一〇月九日、幣原喜重郎内閣が成立した。当時七四歳のこの元外交官は、外相として国際協調を旨とし、協議と交渉によって紛争を解決し、武力に訴えないとする、いわゆる幣原外交の立役者であった。しかしその後、軍部の台頭とともに、世の中から忘れられた存在となり、当時の人々から、幣原さんはまだ生きていたのかと驚かれるほどであった。だが彼は、日本において国際的に信頼される数少ない人物の中の一人であった。

一〇月一一日、幣原首相はマッカーサーを訪問した。マッカーサーは彼に対して、日本がなすべき最大のことはポツダム宣言の実行であること、また、ポツダム宣言の実行は当然に憲法の自由主義化(liberalization)を含むことを告げた。さらにマッカーサーは、選挙権の拡充、男女の平等、労働者の地位の向上、教育の自由化、検察および警察の徹底した改革および経済の民主化が認められなければならず、これらを含めた憲法の改革を期待すると幣原首相に語った。これは翌日の新聞で報道され、新しい憲法への動きがはっきりと国民の前に示された。このようにして、マッカーサーの日本政府に対する憲法改正の指示は、動くことのない明確な事実となった。ただし、それにもかかわらず、幣原首相は記者団に対して、選挙の拡充等の目的の達成は法律によってできるので憲法の改正が必要であるとは思わないと語っている。この点からも、スタートにおける日本政府の憲法に対する認識が浅く、欠落に近いものであったことが窺える。

ところで、東久邇内閣において憲法改正に関し、何が行われたか。例えば、内務大臣山崎巌は、在任中一度、憲法改正すべきかどうかが閣議で話題になったことがあるが、我々としてはまだ取り組むことではないとされた、と語っている。このように、全然考える余地がなかったということでもなかったが、憲法改正が閣議の正式の議題となったことは一度もなかった。しかし非公式には、次のような動きがあった。まず、近衛公と米内光政海軍大臣が高木惣吉内閣副書記官長と相談した後、緒方竹虎内閣書記官長がイニシアティヴをとって、東京大学教授の矢部貞治に憲法改正案の作成を依頼している［★49］。その結果、作成されたのが矢部案である。また、吉田茂外務大臣の下に外務省が憲法について考え、宮沢俊義案と外務省条約局案が作られた。しかしこれらのいずれも、未完成のうちに東久邇内閣が倒れたため、案の完成後それぞれのところに提出されたものの、日の目を見ることはなかった。それら三つの案に共通することは、いずれの案も憲法の原理を転換し、新しい原理に立脚するところまでには至らなかったということである［★50］。一方、内閣法制局においても事務的な研究が始められた。すなわち、九月一八日から第一部長入江俊郎をはじめとして参事官が集まって勉強会を始めている。ただしこれは、法制局長官の指示によるものではなかった。

憲法改正は、一〇月四日および一一日におけるマッカーサーの指示によって正式にスタートするが、日本政府としては具体的なことはまだ講じられていなかった。マッカーサーは、なぜこの時点で憲法改正の指示を与えたのか。彼は日本に来るまでアメリカ政府の対日占領政策の基本をほぼ知らされており、それは彼の意識の中にあった［★51］。彼は日本を民主的な国家に改革するための方法をいろいろと考えた。その結果、下から民主化して積み上げて国民の間の政治的成熟を促進し、最後に新しい憲法典を確立する行き方と、まず憲法典を早期から徹底的に改め、それを実施することによって、日本の新しい在り方を実現する行き方がある、と彼は考えた。結局、彼の到達した結論は、日本においてはまず憲法の改革がなされるべきであるということであった。それは後に明らかとなるように、一面においてソ連との関係から時間的要求を考慮に入れたうえでのことであると推定される。なお、この方法はドイツにおける憲法の制定とは逆の行き方であった。ドイツではまず市町村、次いで州の改革がなされ、その後に憲法が制定された。

（昭和六〇［一九八五］年七月二日）

註

［★43］近衛公はかつて貴族院の改革を主張したことのある人物であり、憲法の問題にも関心を持っていた。彼は方向としてはリベラルであったが、体を張って仕事のできる人ではなかった。（昭和六〇［一九八五］年七月九日大学院）

［★44］河辺虎四郎陸軍中将を全権とし、海軍からは横山一郎少将、外務省からは岡崎勝男らが参加した。（昭和五九［一九八四］年六月五日大学院）

［★45］この頃、私（大友）は内閣官房に勤務していた。（昭和六〇［一九八五］年七月二日大学院）

［★46］この前に、一〇月二日、東久邇首相と近衛公が横浜でマッカーサーと会っているが、通訳がまずかったため、その会議はうまくいかなかった。（昭和六〇［一九八五］年七月二日大学院）その際、マッカーサーは憲法改正のことを述べたとしているが、東久邇首相の側はそのようなことを言われたとはしていない。この点については、マッカーサーが日本の国の政治の在り方はいけないと言ったこ

とに対し、日本側はそれを憲法という深みのある問題ではないとして取り違えたのではないかと思われる。(昭和五三[一九七八]年学部)

[★47] 以上は奥村条約局長の記録による。(昭和六〇[一九八五]年七月二日大学院)

[★48] 総司令部は日本政府に対して、すでに九月一〇日には言論・出版の自由化、九月二七日にはそれらを禁止する法令の廃止をするよう通告してきたが、日本政府側では全く余裕がなかったため、なかなか実行できないでいた。(昭和六〇[一九八五]年九月二日大学院)

[★49] その際、中村哲と佐藤功が作業の手伝いをした。(昭和六〇[一九八五]年七月二日大学院)

[★50] この時点において、日本ではポツダム宣言が日本の憲法の本質的改革を要求していることを理解していた人はほとんどいなかった。例えば、宮沢俊義教授は一九四五年一〇月一九日付毎日新聞においてこのように述べた。「明治憲法は元来、民主的傾向と相容れぬものではないことを十分理解する必要がある。明治憲法における立憲主義の実現を妨げた障害の排除ということは、わが憲法の有する弾力性ということと関連して、憲法の条項の改正を待たずとも相当の範囲において可能であるということに注意を要する」。このように、宮沢俊義教授でさえポツダム宣言の要求をこの時点においてよく理解していなかった。あるいは、感覚的にはわかっていたのであるが、それをはっきり口に出すのは当時においてははばかられたのであろう。なお、ポツダム宣言の要求の意味するところに最も早く気付いたのは宮沢教授であり、それはやがて八月革命説として説明された。一方、美濃部達吉博士は宮沢教授よりもっと消極的な立場をとり、明治憲法のもとにおいてもポツダム宣言の要求を法律の運用によって実現することは十分可能であるとした。また、京都大学の佐々木惣一教授もほぼ同じ立場であった。(昭和六〇[一九八五]年七月九日大学院)

[★51] 日本国憲法の制定において顕著な役割を果たした総司令部のハッシー(後掲)は、ニューギニア

にいた頃から個人的に日本の憲法の問題を考え始めたと述べている。（昭和六〇［一九八五］年七月二日大学院）

13 内大臣府における憲法改正作業

既に述べたとおり、マッカーサーは一九四五年一〇月四日、近衛公に対し、また一〇月一一日、幣原首相に対し、憲法改正の必要を告げた。彼は占領軍の最高司令官の立場にいる者として、日本政府を通じて憲法改正を行われるようにしたのである。このように、日本側から着手して憲法改正に立ち上がったのではなかった。

ところで、一〇月五日に東久邇内閣が倒れた結果、近衛公は大臣ではなくなった。次いで一〇月七日、幣原喜重郎が総理大臣となることに決まり、九日に幣原内閣が成立した。その際、近衛公は宮中で彼に会って、憲法改正の問題に関してマッカーサーから告げられたことを伝えた。これに対して幣原首相は、憲法改正とはとんでもない、その必要はない、と消極以上の答え方をして拒否反応を示した。しかし近衛公としては、マッカーサーから第一になすべきこととして憲法改正を指示されていたため、内大臣木戸幸一と相談した上で、内大臣府の仕事として近衛公が憲法改正の作業を行うしかほかにないという結論に達した。その理由は二点あった。第一点は、幣原首相に対してマッカーサーは必ず憲法改正を指示するであろうが、そのとき彼が消極以上の態度を示せば、総司令部からどんどん憲法の改正を進められるということになる、と近衛公が考えたということである。近衛公としては、憲法改正は必ずなされねばならないことになると感じており、日本側のアクションとしての憲法改正を行おうと意図したのである。第二点は、憲法改正のイニシアティヴを天皇がとり、改めるべき骨子を天皇が内閣に示すという形式がとられるべきであると木戸内大臣が考えたことに対して、近衛公も同調したということである。

以上の二つの理由から、内閣でやらないのであれば、天皇を常時輔弼《ほひつ》する内大臣で行おうということになったのである。その結果、幣原首相に対するマッカーサーの憲法改正の指示と同じ日である一〇月一一日、幣原首相がマッカーサーと会う前に、意識的に近衛公が内大臣府御用掛に任命されたことが発表された。以上の経過は、憲法改正という重大問題がなぜ二本立てで開始されたのかを明らかにしている。しかし結論から言えば、近衛案は結局、埋没し、現実的働きをほとんどすることなく終わった。

内大臣府における憲法改正作業は、近衛公が京都大学出身であったことから、同大学の佐々木惣一教授にその依頼がなされた。これを承諾した佐々木教授もまた、内大臣府御用掛に任命された[★52]。彼は大石義雄ら高弟三名を伴って上京した。

一方、近衛公は一〇月四日、マッカーサーから憲法改正について詳しいことは政治顧問(U.S.Political Adviser to the SCAP)であるアチソン大使から聞くよう言われていた。同大使は連合国としてではなく、アメリカ政府から派遣されて政治的問題を扱う国務省の外交官であった[★53]。そこで、内大臣府の作業においてアメリカおよびその憲法に明るく、英語のできる人物が三名登用された。その三名とは、高木八尺《やさか》、牛場友彦、松本重治であった。彼らは一〇月八日から一一月一日に至る間に五回アチソンを訪ね、憲法改正に関する質疑応答を重ねた。アチソンの説明は一〇月一七日付国務長官訓令の到達とともに、それに基づいて行われた。その訓令の内容は、アメリカ政府の占領政策における日本の憲法改革についての正式の最後の決定であるSWNCC228の前身をなすものであった[★54]。そのアチソンの説明は、総司令部の記録により「アチソンの一二項目」として残されている。また、高木氏も記録を残している。両者はある程度異なる点があるものの、だいたい同じ内容のものである。このようにして近衛公の作業は双方のグループの意見を聞きつつ進められた。

さてアチソンは、連合国、とくにアメリカ政府の考えをどのように伝えたのか。また、日本側はそれをそのままに受けとめることができたのか。アチソンとの会談における高木氏ら近衛グループの最大の関心事は天皇の問題であり、そのことについて彼らは何とか探りを入れようとした。一方、アチソンの説明は天皇の存在を前提としていたが、原理の転換、とくに天皇主権から国民主権への切換が必要であることについては、正面切ってはっきりとは告げられなかった[★55]。一九四五年一〇月という時点でそうするならば、日本に対して刺激が強すぎるという政治的配慮によって、それは意識的に避けられたようである。

これに対して、高木氏はどのように受けとめたか。『国際的理解のために(Toward International Understanding)』と題する著作において、彼は次のように記録している。すなわち、彼は国民の選挙権の拡充、国会が国民の代表たる実質をもつ等の実質において国民の意思に基づく政府が確立されるならば、立憲君主制としての天皇に対して連合国の異議はない、とアメリカから決定的な保証(definite assurance)を得られたと考えた。つまり、新しい憲法における天皇の地位は実質的変更(substantial change)を受けず、天皇主権が維持されるとともに実定法上も天皇は統治権をもつが、ただ天皇の統治権が行使される場合の国民の参加を広げればよい、と高木氏はとったのである。

しかし牛場氏は、アチソンはしきりに基本的人権と言っていた、我々は彼から基本的人権のレクチャーをされていると感じた、と伝えている。高木氏は基本的人権という点に気づいていなかった。基本的人権は天皇主権とは相反するものであり、当然に国民主権と結びつく。牛場氏は、議会が天皇の召集を待たず自ら開会および閉会をすること、また、内閣は議会に対してのみ責任を負うこと等、国民主権と思わせられることを時々アチソンが言った、と伝えている。両者のこのような受け取り方の相違は、アチソンがストレートに主権の転換を言わなかったことに起因する。彼はオブラートに包んだような言い方をしたのである。

一一月一日、マッカーサーは近衛公の作業を否認する声明を発した。近衛公に憲法改正を指示したのは東久邇内閣の国務大臣としての彼に言ったのであり、彼が今、内大臣府で行っていることは我々の意向に基づくものではなく、我々としては幣原内閣の作業に期待を寄せている、とマッカーサーは述べたのである。わずか一カ月足らずの短期間に近衛の作業が否認されたのは何ゆえであったか。二つの理由が考えられる。第一の理由は、近衛公が日本側のアクションとして、また、天皇のイニシアティヴで憲法改正を行おうとしたことに対し、天皇に対する助言機関であり、国民とは切り離された存在である内大臣府で憲法改正の作業をするのは何事か、という批判が日本国内において高まったことである。その批判は、天皇がイニシアティヴをとって自らの意思で動くことは立憲的ではなく、憲法改正は国務のうち最も高いものであるゆえに内閣がイニシアティヴをとり、その決定に基づくべきである、ということであった。これは、憲法改正が天皇のイニシアティヴによるのか、それとも内閣の決定に基づくべきなのか、という明治憲法の解釈における憲法論争のぎりぎりの点であった。佐々木教授以外のおよその学者は、憲法改正の作業を内大臣府で行うことに反対した。また、このような批判には、天皇のイニシアティヴにより憲法改正の骨子が示された後、総司令部に拒否されるならば、天皇の権威に大きな傷がつくという配慮もあった。

次に近衛公の作業が否認された第二の理由は、国際的に、とくにアメリカにおいて、戦争犯罪人の近衛が新しい日本の土台となる憲法の作業を行うとは何事か、という批判が強くなされたことである。例えば、一九四五年一〇月下旬のニューヨーク・タイムズ紙は、日本の新しい憲法を近衛が担当するのはグロテスクである、と批判している。そのような結果、マッカーサーのような占領のやり方でよいのか、という批判も生じた。これらの経緯からマッカーサーは近衛グループの作業を否認したのである。そのため、幣原内閣の憲法改正作業に期待が寄せられてゆくことになった。

マッカーサー否認声明の後、一一月二二日に近衛案が、また二四日には佐々木案が、急いでまとめられて天皇に提出された。近衛公としては高木氏らの考え方に傾いており、佐々木案のほうが保守的であった。しかし両案とも、天皇主権が保持され、原理の転換がなされていなかった。彼らとしては、現実の国家権力の肝心な部分を天皇が握り、それを行使する面で国民の意思に基づく政府をたてようとしたのである。また、臣民の権利義務という観念からは大きく前進しているが、基本的人権というところまでには達していなかった。さらに平和に関しては、ほとんど述べられていなかった。結局、この両案は後に至るまで表に出されることなく、いわば埋没してしまった。その結果、日本国憲法の制定過程において、これぞという働きをしないで終わった。

しかしそれにしても、マッカーサーが一方的に近衛公を無視したことは批判されるべきである。なぜならば、近衛グループはアチソンと五回も会っており、総司令部としては彼らを相手にしていたわけである。また、そもそも近衛公の作業は自ら始めたものではなく、マッカーサーが彼らに対して憲法改正の指示を直接に与えたことによるものであった。マッカーサーの近衛公に対する指示は自分自身のミステイクであり、彼は自らの保身のために近衛公の作業を否認したのである[★56]。少なくとも当時の日本人には、マッカーサーはそのような人間である、との印象を与えた。近衛公はその後、消極的にではあるが日本が戦争に入っていくことに責任の一端があったとされ、戦争犯罪人として逮捕されることになっていたが、その直前に自殺を遂げている。

（昭和六〇［一九八五］年七月九日）

註

［★52］佐々木教授は、ポツダム宣言受諾により憲法改正を必要とするが、そのことと天皇の問題とは何ら関係がないと考えた。なお、佐々木教授らの一行は箱根の「ならや」という旅館で改正作業を行った。（昭和五九［一九八四］年六月二七日大学院）

［★53］マッカーサーは統合参謀本部議長と繋がっており、国務省は彼に直接命令することはできなかった。国務省としては、彼に任せっきりにするのは心配であったため、アチソン大使が最高司令官付の政治顧問として配属されたのである。（昭和五九［一九八四］年六月二七日大学院）

［★54］この国務長官訓令は、日本の新しい憲法の骨格をまとまった文書にして通達した最初のものであった。（昭和五九［一九八四］年六月二七日大学院）

［★55］アチソンは漠然としたソフトな言い方をしたため、彼の説明において主権、基本的人権および平

和の問題が、どこにどれだけ出されているのか、少し疑問に思われる。(昭和五九[一九八四]年六月二七日大学院)

[★56] 一一月六日、高木氏らが総司令部を訪ねたとき、主席秘書官は彼らに、近衛公には気の毒なことであったと語っている。(昭和六〇[一九八五]年七月九日大学院)

14　幣原内閣における憲法改正作業（一）

幣原内閣における憲法改正作業の第一段階は、次のような経過をたどった。既に述べたとおり、一九四五年一〇月七日、幣原喜重郎元外相は総理大臣となることをうけた。この際、近衛公は彼に会い、一〇月四日のマッカーサーによる憲法改正の指示を伝えたところ、彼は消極以上の拒否態度をみせた。一〇月九日、幣原内閣の成立の後、初閣議が開かれた。その中に、当時七〇才近かった松本烝治国務大臣が、無任所の大臣として入閣していた。彼は元東京大学教授であり、当時、私法とくに商法の分野の最高峰であった。また、内閣法制局長官および商工大臣の経験も有するとともに、法律事務所を開いて法曹界の第一人者でもあった。彼は初閣議の席で、我々の内閣で憲法改正が問題になると思うので政府としてそれに備えなければならない、と発言した。彼はまた、ポツダム宣言履行のためのみならず、従来疑義のあるものにも改正が及ぶべきであると述べて、ポツダム宣言を意識するとともに、日本の再建のことを考えていた。これに対して幣原首相は、いやなことをいってくれるという顔つきでぷいっと脇を見て応答しなかった。他の大臣たちも松本大臣の発言に取り合わなかった。幣原内閣の成立は「自由の指令」が発せられて重大な影響が日本に与えられた後の日本政府の対応たる一面をもっていた。しかしそれにもかかわらず、幣原内閣のスタートラインにおける憲法改正に対する態度は全く消極的であり、その問題を意識していたのは松本大臣ただ一人であった。だが一〇月一一日、幣原首相はマッカーサーから憲法改正の指示を受けたため、内閣として憲法改正を考えざるをえなくなった。マッカーサーの憲法改正の指示が新聞に報道された結果、その問題が一般に知られるようになった。

次に、幣原内閣における作業の第二段階は、以下のように経過した。一〇月一三日、幣原内閣は、松本大臣を憲法担当大臣とする閣議決定を行った。これは、内閣として憲法問題に取り組むという意志表示であった。明治憲法下では内閣は憲法上の存在ではなく、勅令上の存在であった。各国務大臣が天皇を輔弼し、内閣はその連結協議のために置かれるものであった。内閣総理大臣といえども国務大臣の一人であり、同輩中の首席にすぎなかった。それゆえ、内閣として憲法改正に取り組むといっても、松本国務大臣が憲法を担当するということは、その権限と責任を負うのは松本大臣であり、他の大臣はふつう口をはさめないことを意味した。もっとも、要のところは幣原首相に報告がなされ、相談するとともに、必要があれば他の大臣にも作業の状況が報告された。

一〇月一三日以降、憲法問題に関する委員会の設置および委員の任命の決定がなされた。一〇月二七日、憲法問題調査委員会、いわゆる松本委員会がオープンした。この委員会の名称に注意すると、「憲法改正」ではなく、「憲法問題調査」となっており、改正という文字は意識的に入れられなかった。この委員会のミッションは、明治憲法に改正を要する問題点があるかどうか、また、あるとすればどの点かを調査することであるとされた。このように、憲法の問題に内閣として取り組まなければならないということで立ち上がったにもかかわらず、時の政府の憲法改正に対する意識は、この時点においてもまだ弱いものであった。

ところで、この委員会は松本大臣の諮問委員会として発足した。また、この委員会は憲法問題を学問的に調査研修し、検討する趣旨から、委員は大部分が学者で構成された。例えば、東京大学からは宮沢俊義教授、東北大学からは清宮四郎教授、また九州大学からは川村又介教授が参加した。京都大学からも委員を迎えることが考えられたが、佐々木教授らが近衛グループを手伝っていた関係で、京都大学からの参加は見送られた。また、美濃部達吉博士他三名が顧問として迎えられるとともに、佐藤功ら東京大学の若手研究者も補助員として加わった。さらに、公務員からも委員が任命され、内閣書記官長、法制局長官、同第一部長と第二部長、また、枢密院、貴族院、衆議院の各書記官長、司法省民事局長、さらに財政に関して大蔵省主計局長が加わった。一方、松本大臣は無任所大臣でその下に人が誰もいなかったため、私(大友)がその手伝いを命じられ、大臣の隣室に彼の秘書官とともにいた。委員会の事務は内閣官房総務課が行った。

松本委員会が、まず調査からスタートしたことは正しかったといえる。しかし問題なのは、そのやり方であった。調査の仕方、それに基づく案の立て方に不十分な点があったことが一つの原因となって、その後、松本案は拒否されることになった。美濃部博士、宮沢教授ら第一級の憲法学者が参加していたにもかかわらず、委員会の案が拒否されたのは、松本大臣の諮問委員会たる性格のために、委員会において考えの相違がある場合どれをとるかが松本大臣の決定によった、ということが大きく関係した。

松本委員会の会議は総理官邸の一室で行われ、秘密会とされた。速記録はとらず、私(大友)が議事要旨を書きとめ、会議当日の夜八時までに要点をまとめた。それは法制局第一部長たる委員を通じて松本大臣に渡された。会議の概要は関係者には印刷して配布されたが、新聞等を通じて国民に公にされるということはなかった。単に「○月×日第△会総会を開き、……について検討した」というような、進行の大づかみのところしか、内閣記者団に明らかにされなかった。このように松本委員会の作業は、国民から離れたところでなされた。また、松本委員会は、アチソンと五回会って意向を聞いている近衛グループと連絡を取ることはしなかった。さらに、委員会自ら総司令部の意向を聞くこともしなかった。むしろ松本大臣としては、総司令部とかかわりをもつとかえってよくない、そうするのは不見識であるという意識をもっていた[★57]。しかし、総司令部と関係をもつことなく作業が進められたということが、後に松本案の結末に大きくかかわった。ただ、政府の活動の主なことは総司令部に報告されていたので、松本委員会の審議の報道についても表面的なことが、外務省を通じて総司令部に報告された。一方、総司令部としては、アチソンが近衛グループにすでに説明を与えているので、当然そちらから松本委員会に情報が伝わるはずであると考えた。また、憲法改正の指示を与えた以上、後は日本政府がポツダム宣言の要求の実行としてそうしなければならないことは、当然わかりきっていることであると総司令部は考えた。そのため、彼らは主権や天皇の問題についてストレートに言うことを避けた。このようにして総司令部は、日本政府の案をじっと待つという態度をとったのである。以上の両者の態度から、その後、憲法改正作業に関して日本政府と総司令部の関係はぎくしゃくすることになった。

ところで、日本の国家改造、すなわちその法的側面としての憲法改正を進める方法は、既に述べたとおり、ポツダム宣言とそれに関する往復文書(日本政府の申し入れとそれに対するアメリカ政府の回答を文書化したもの)から明らかなように、①占領管理の下に、②天皇およびその政府を通じて、③日本国民の自由な意思による決定において、すなわち国内世論の活発化と議会における審議と決定に基づく、ということであった。これまで述べてきたことにおいて、①から③の各点は具体的にどのような形で現れたといえるか。断然支配的であったのは①であった。近衛公および幣原首相に対するマッカーサーの憲法改正の指示は、①と②によるものであり、「自由の指令」は①によって、③との関連で出された。また、マッカーサーが幣原首相に選挙権の拡充の必要性を告げたことは、①と②によるものであるが、③との関連でなされた。一方、連合国側の対日政策をめぐる動向も①との関連で無視することはできない。この講義では、以上の視点から日本国憲法の制定過程を検討している次第である。

さて、幣原内閣における作業の第三段階は、以下のような経過であった。一一月九日、松本大臣は、憲法を改正すべき要点につきまとめたので憲法改正をめざす作業に進むことにするということを明らかにした。一〇月二七日の時点では、憲法改正の必要がありやなしやを調査することが目的であったのが、わずか一二日後に早くも憲法改正をめざすことになったのはなぜか。四つの理由が考えられる。

第一の理由は、一一月一日のマッカーサーによる近衛否認の声明である。そこでは、総司令部に対しては幣原内閣の作業に期待する、と最後に結ばれており、同内閣として憲法改正に取り組まざるをえなくなった。

第二の理由は、一〇月四日の「自由の指令」をきっかけとして、国民の間、とくに言論界を中心に憲法改正について議論が盛んになった結果、政府としてもそれを考えざるをえなくなった、ということである。アチソンは一〇月二四日付国務長官宛の報告において、大多数の日本国民は国家の改革についてただ沈黙を守っていると述べたが、一一月五日付トルーマン宛の報告においては、意外にも、日本国民は国政について発言することを恐れなくなったと述べている。例えば、新聞の論調は九月の頃まで憲法改正とまではっきり言えなかった[★58]が、一〇月に入って「自由の指令」が出され、また二回にわたるマッカーサーの憲法改正の指示によって、憲法改正の議論が盛り上がりを見せた。一〇月一三日付朝日新聞は、「ポツダム宣言の受諾を前提とする今次の終戦の過程が早晩、憲法の改定ないし新訂の問題にふれるに至るべきことは、すでに一般の予想すべきことであった」と述べている。また、同日付読売新聞は、「ポツダム宣言を正しく理解するならば、政府はマッカーサーの指示を待つまでもなく憲法改正に果敢に踏み出すべきである」と述べている。さらに毎日新聞も、憲法改正は当然であるとする論説を掲げた。

次に第三の理由は、一〇月後半において主にアメリカで天皇の問題に関する声明や論評がなされて、それらが日本の新聞を通じて伝えられた結果、日本政府としても憲法の改革が現実的また切実な問題として感じられるようになったことである。例えば、一〇月一九日、トルーマン大統領は、日本の天皇をどうするかという問題は日本国民の意思で決めるのが良い、と言明した。また一〇月二〇日、総司令部法務局の責任者であるカーペンター（Alva C. Carpenter）が、確証があがるならば天皇を戦争犯罪人として取り調べることも不都合ではない、と述べたことが新聞で取り上げられた。さらに一〇月二六日および二八日のニューヨーク・タイムズの記事では、憲法改正の眼目は主権の転換であり、それがなされないような改正は改正ではないということが主張され[★59]、それは日本の新聞でも伝えられた。以上、トルーマンは制度（institution）としての天皇、カーペンターは個人（person）としての天皇、またニューヨーク・タイムズ紙は主権者としての天皇にそれぞれ言及しており、この時点で天皇に関するあらゆる議論が表面化したといえる。

最後に第四の理由は、「自由の指令」が出された結果、社会党、自由党、進歩党等などの政党が復活し、それらの政策綱領の中で憲法の問題が取り上げられたことである。それは、一一月末に臨時議会を控え、憲法が大きな争点となることが予想されたことを背景としていた。例えば、共産党が最も活発に動いたが、一一月一一日には「新憲法の骨子」を発表している。以上の四点がきっかけとなって、松本委員会は憲法改正作業の第四段階へと進んだのである。

（昭和六〇［一九八五］年七月一六日）

註

［★57］幣原内閣における憲法改正作業が近衛グループの改正作業とほとんどつながりをもたずに終わったことは残念なことであった。ただし、近衛公がキャッチした大筋のうち最大の関心事である天皇の問題については、松本委員会の側にある程度伝わったと考えられる。近衛公は松本大臣と一度面会しており、そのときに天皇の件が伝えられたのではないかと考えられる。また、近衛公は、天皇退位の考えをアメリカの記者などに話したことについて釈明するため、一〇月下旬、松本大臣を訪ねたが、大臣は会わなかった、ということも起きている。（昭和六〇［一九八五］年九月二四日大学院）

［★58］「自由の指令」が出された一〇月四日以前においては、政府批判は控えられていた。ただし、九月二一日の朝日新聞と毎日新聞は初めて憲法に関する論説をあげている。前者はポツダム宣言の軍事

に関する条項をあげて憲法の再検討がなされるべきであるとし、後者は憲法の中でとくに法律の決め方、予算の作り方を改めなければならないと論じた。

[★59] 一〇月二六日付ニューヨーク・タイムズ紙には、コロンビア大学のペッファー教授の論説が掲載された。(昭和五九[一九八四]年七月三日大学院)

15 幣原内閣における憲法改正作業(二)

前回の講義において、幣原内閣における憲法改正作業の第一段階から第三段階を説明した。次に第四段階として、後述するとおり、一九四五年一二月二一日、松本大臣は憲法改正案を作る作業に入ることを明らかにした。

ところで、一一月九日に松本委員会が憲法改正作業に進むことになってから、一二月二一日に憲法改正案を作成することになるまでの間に、すなわち一一月二六日から一二月八日まで、第八九臨時議会が開かれた。それは憲法改正案の動きが盛り上がってきた頃に開かれたため、議会における質疑の焦点は、ポツダム宣言を政府はどのように受けとっているのか、憲法改正をどのように行うつもりであるか、また、占領軍の指令に対して政府はどのように対処していくのか、ということにあった。これに対してある程度の説明が政府からなされた。松本大臣は内政不干渉の原則に立つ理解のもとに、ポツダム宣言は日本国民の意思に任せると言っているので、同宣言によって日本の憲法を変える義務はないこと、また、明治憲法は十分な弾力性を有するのですぐに改正する必要は決してないことを答弁している。また彼は、占領下での憲法制定はとんでもないことであり、講和がなされてからが当然であるという立場であった。

一方、松本委員会の作業の経過は、それが秘密会であったため、およそのことが松本大臣によって報告されるにとどまり、また総司令部に対してもほんの概要しか報告されなかった。そのため、国民は松本委員会の作業についてほとんど何も知らされていなかった。しかしこの議会において、和歌山県選出の中谷武世議員の質問の中で松本委員会の構想および方針等が問われたことに対し、松本大臣はとくに準備せず即席に答弁して、いわゆる松本四原則を、一二月八日、発表した。ここに松本大臣の構想の骨子が示された。それは、第一に、天皇の統治権総攬に変更がないこと、第二に、議会の議決事項の範囲拡充、第三に、国務大臣は議会に対して責任を負い、またその責任は国務全般に及ぶこと、第四に、人民の自由および権利の保護の拡大、ということであった。この四原則において、後の松本案の性格はほぼ出ている。その狙いは、漸進主義的なイギリス型の議院内閣制を確立することにあった。

しかしそこでは、一つだけ大きなポイントが意識的に抜かされた。それは、明治憲法第七三条の改正手続を緩和し、天皇だけでなく議会も改正の発議ができるようにすることによって、徐々に改正の度合いを高めていくことが可能となる、という点であった。とはいえ、これまで政府は憲法改正の内容について何も言わずにきたので、松本四原則が示されたことは、松本委員会の作業経過におけるひとつの大きな事件であった。それは、四原則の中に天皇主権を変えないことが含まれていることだけでも明らかである。その原則は、ポツダム宣言によって主権の転換が求められてはおらず、同宣言に対する日本政府の申し入れによってこの考え方は容認されている、と日本政府が考えていたことの表れであった。しかし実際には、ポツダム宣言は主権の転換を求めるものであり、それは日本側の主観的な受けとり方によって左右されなかった[★60]。

一二月一五日、議会において、二〇才以上の男女に参政権を与える選挙法大改正が可決成立した。これは既に述べたとおり、一〇月一一日におけるマッカーサーの幣原首相に対する指示の中に含まれていたことであった。一二月一八日、衆議院は解散された。総選挙は翌年一月二二日に予定され、その後にいわゆる憲法議会が開かれる見通しとなった。このような事態をうけて、日本政府としても具体的な憲法の構想と改正案をもつ必要に迫られた。そのような結果、幣原内閣における憲法改正作業の第四段階として、一二月二一日、松本大臣は総選挙後に備えて、憲法改正案の作成に入ることにしたのである。

このような経過の一方で、占領下における日本の改革が非常に根底的なものであることが、徐々に判明してきた。既に述べたとおり、一〇月四日には「自由の指令」が出され、一〇月一一日には幣原首相に対するマッカーサーからの諸改革に関する指示がなされた。また、一一月六日には財閥解体、八日には農地解放が発表された。これは、日本の改革が政治的改革にとどまらず、社会経済的改革をも含む根底的なものであることを示していた。連合国は、日本社会を封建的であるとみなし、憲法の改革を成功させるためには社会経済的改革が必要であると考えたのである。

さらに、一二月一五日には、国家と神道の分離に関する指令が発せられた。これは、連合国が日本人の伝統および考え方の切り換えまでを行うことを狙うものであった。日本国民は、それまでの占領軍による改革に素直に従ってきた。アメリカのある著名な人物は、この指令に抵抗しないなら、日本人は何に対しても抵抗することはないだろう、と語っている。一二月二一日、総司令部は、新しい日本を建設するための地ならしの措置は全て終わった旨表明した。

以上のようにして、占領軍の改革は日本の従来の在り方に破壊的な手を加え、日本人の意識、心理、信仰にまで改革を実施しようとするものであることが明らかになった。その結果、日本国民の間で改革が根底からのものであることが実感として感じられるようになり、日本政府としても憲法改正にしっかりと立ち向かわざるをえなくなった。

また、松本大臣が憲法改正案を作成することを明らかにした一二月二一日前後において[★61]、日本国内では民間の諸案が相次いで発表された。これは、ポツダム宣言に示された憲法改正に関する前述の三つの要件のうち、第三のもの、すなわち日本国民による自由な意思の表明に関連する動きの一つであった。一二月六日と七日には三つほどの民間の案が出され、一二月二七日には天皇を儀礼的に残しつつ国民主権をうち出した憲法研究会案、二八日には天皇を置かないとする高野私案が発表された[★62]。憲法研究会は、リベラルな人々および社会主義的傾向をもった人々の少数の集まりであったが[★63]、鈴木安蔵氏が要綱の形にまとめた同案は政府に提出され、松本委員会においてもガリ版刷りで配布された。それはまた、総司令部にも手渡され、新聞でも発表された[★64]。総司令部はこれら民間諸案をすぐに英訳していたが、憲法研究会案は民政局法規課長ラウエル(Milo E.Rowell)によって注目され、"outstandingly liberal"と評された。一方、連合国側においても、極東委員会設置の決定等、大きな変化が起こっていた。この点については、後述することとする。

(昭和六〇[一九八五]年九月二四日)

註

[★60] この点については、本書一四章を参照。

[★61] なお、一一月二二日には近衛案、二四日には佐々木案が上奏されたが、それらはその後、日の目を見ることなく終わった。(昭和六〇[一九八五]年一〇月一日大学院)

[★62] 民間の憲法改正案において国民主権をうち出したのは、憲法研究会と高野私案の他に、天皇制廃止を掲げた共産党案だけであった。(昭和六〇[一九八五]年一〇月一日大学院)

[★63] 憲法研究会のメンバーは、当時全て民間人であり、以下のとおりであった。高野岩三郎(東京大学出身の学者であり、幣原首相と同期であった。経済政策、社会政策が専門であり、社会党右派に位置した)、森戸辰男(いわゆる森戸事件で社会主義思想のため東京大学を追われた人物である。その

後、文部大臣、広島大学長を歴任した)、岩渕辰雄(早稲田大学の政治学者であり、当時としては英米法的理解を備えていた。総司令部に憲法研究会案をもって行ったのは彼である)、室伏高信(評論家)、鈴木安蔵(社会主義思想に立つ人であり、静岡大学、立正大学教授を勤めた)。総司令部のラウエルは彼らのことを"private independent group"と呼んだ。各メンバーはチームとしてまとまったわけではないが、憲法改正案を書いてみようということになって、鈴木安蔵が、当時日本では最も参考になったワイマール憲法を見ながら案をまとめた。そのため、憲法研究会案には鈴木の考えがかなり入っているとともに、案の項目の半分以上はワイマール憲法に書かれていることであった。例えば、日本国の統治権は日本国民より発す、という箇所はワイマール憲法第一条からきている。また、経済、財産の社会性を鋭く意識して、所有権は同時に公共の福利に役立つべき義務がある、としている。ちなみに総司令部案においてもワイマール憲法がひな型とされ、財産権は社会経済権としてとらえられていた。同案の第一次原案では社会経済権に関して、ワイマール憲法をなぞるような書き方がされた。また、日本国憲法第二九条に現代性を帯びさせるのはその第二項であるが、それもワイマール憲法が参考とされた。このように、日本国憲法の制定過程においてワイマール憲法はかなり参考とされた。ただし、私(大友)としてはワイマール憲法をあまり評価しない。それは美しい憲法であったが、弱いものであった。そこに規定された社会経済権はほとんど実現されず、直接民主制も機能しなかった。議会の権威は低下し、大統領の緊急命令が多用された。それは独裁制にすうっと移行しうる内容のものであった。(昭和六〇[一九八五]年一〇月一五日大学院)

[★64] 憲法研究会案は実体法中心であり、手続的規定が欠けているところに限界があった。また、同案において軍に関してはペンディングとされ、日本国憲法第九条にみられるような発想はなかった。ただし、同案においては「平和思想」、「諸民族との協同」について言及されている。(昭和五九[一九

八四〕年一〇月二日大学院）

16 幣原内閣における憲法改正作業(三)

一九四六年一月一日、マッカーサーは日本国民に対する年頭の挨拶を発表し、「日本国民は今や、自ら統治する権利があり、また、自らなすべきことをなさなければならないという事実にめざめることが必要である」と述べた。主権が国民に在り、憲法典の制定を国民が自分でなすべきことを示すものであった。この声明は、一月二二日に予定されていた総選挙を前にしてなされたものである。既に述べた松本四原則が天皇主権を保持していたのに対し、この声明は国民主権を示していた。しかし、日本側にはその意味のものとしては受けとられなかった。マッカーサーが声明において、もう少しはっきりとものを言っていたならば、その後の進路を日本側がはっきりと理解することができたかもしれない。結局、当時の国民はその声明が国民主権を意味するとまでは理解できず、国民の政治参加が拡大する程度の意味に受けとったのである。また、松本委員会もその方向を変えず、天皇制を根本的に変更することは考えなかった。

ところで、同じく一月一日、詔書によって天皇の人間宣言が出された。その中で、「朕ト爾等国民トノ間ノ紐帯ハ終始相互ノ信頼ト敬愛トニ結バレ、単ナル神話ト伝説トニ依リテ生ゼルモノニ非ズ。天皇ヲ以テ現御神トシ、且日本国民ヲ以テ他ノ民族ニ優越セル民族ニシテ、延テ世界ヲ支配スベキ運命ヲ有ストノ架空ナル観念ニ基クモノニモ非ズ」と述べられた。これは前年一二月一五日における国家と神道の分離の指令から、当然に出てくる線上にあるものであった。その発想は総司令部から出ており、日本だけのものではなかったが、その言葉は天皇自身から出ている。その原案は幣原首相が英文で書き、総司令部に見せた後、日本語に直して出された。その中では、五カ条の御誓文にも言及されており、そこには、日本側のものとして人間宣言を出したかったという意図が見受けられる。一月一日における以上の二点には、新しい日本に進むことを感じさせるものがあったといえる。

一方、一月四日、松本私案が完成した。これが結局、総司令部に提出された日本政府の案の大筋を成すことになった。また同日、ポツダム宣言第六項に基づき、総選挙立候補者の中から好ましからぬ人物をスクリーニングする目的で追放令が出された[★65]。これについて総司令部のスポークスマンは、「今や日本は、真に国民が創造し、国民が所有し、国民のために働く政府をもつ好機を与えられた。そのため、戦争中望ましからざる職や地位に就いた人物を公職から排除することが、追放令の目的である」と述べた。前段は国民主権を意味している。このように一九四六年一月に入った時点で総司令部は、国民主権という言葉を使わずとも、それをはっきり示す言い方をするようになった。また、それまで追放は、軍の解体、「自由の指令」による内相の罷免および特高廃止にみられるように、占領下で広範に行われていたが、今回の追放令は全面的かつ中央地方を問わないものであった。

一月七日、松本大臣は宮中に上がった。その際、天皇から佐々木案を渡され、参考とするよう言われた。これによって幣原首相と松本大臣は、近衛グループの構想がはっきりわかった。松本大臣は、近衛グループが総司令部と接触して案を作成したことを知っていたので、その案に基づいて総司令部の意向がそのようなものであると(誤って)考え、自信を持った。

一月九日、松本私案が松本委員会に提出された。またこのほかに、美濃部案、宮沢案、清宮案、野村(淳治)案等も出された。既に述べたとおり、前年一二月二一日、憲法改正案を作ることが決定され、二六日には大幅、小幅の二つの改正案を作ることに決まった。一月九日に提出された松本私案は、改正の幅が小さいものであった。そこで、改正が小幅の案は同案をあてることにし、甲案と呼ばれた。改正が大幅の案は、松本委員会の各委員の意見をまとめたものとすることにされ、乙案と呼ばれた[★66]。両案とも次々に修正を重ね、そのたびに、例えば、甲案一号、二号……、乙案一号、二号……、と呼ばれた。松本委員会の作業は条文主義的であって、条文に即した論議やまとめ方がなされた。それが当時の一般的なやり方であった。大幅改正案である乙案では、各委員の意見の相違に応じて、例えば、第○条について、イ、ロ、ハ……というように、各意見が列挙された。その作業を行ったのは宮沢俊義委員であった。彼はその際、関連する印刷物をはさみとのりで切り貼りして作業を行った。

乙案においても甲案と同様、天皇主権を保持するという方針は守られ、天皇主権ではいけないとはっきり異論を唱えた委員はいなかった。しかし、各委員の本当の考えはわからない。なんとなれば、松本委員会は松本大臣のための諮問機関であったので、改正の根本原則にまで各委員は発言をあえて行おうとはしなかったのである。ただし、一月一六日の松本委員会の会合の際、宮沢俊義委員、入江法制局次長ら進歩的な見方の委員が、松本大臣の考え方では適切ではないと考え、大臣の部屋に入って、松本私案では不十分なものでもっと前進させて改正の幅を広げるよう提案する意見を述べた。だが、松本大臣は自分の線を動かすことをしなかった。

ところで一月の半ばを過ぎた頃から、日本政府の案はまだできないかとの問い合わせや、案の作成を急ぐようにとの催促が、二度三度と総司令部からなされた。それらがどのようなルートによって、どのくらいピンとくるものとして日本側に伝えられたかに関しては、残念ながら記録に残されていない。ただ、終戦連絡事務局を通してきたことは間違いない。その後、単なる事務的な催促ではなく、それ以上のことがなされたものと考えられる。民政局のメンバーは、楢橋渡《ならはしわたる》内閣書記官長にかなりはっきりと伝えたと言っている[★67]。楢橋書記官長の側の記録はなく、彼自身はそのようなことはなかったと言っているが、民政局のメンバーが彼に伝え、彼から松本大臣に伝えられたことは事実であると推定される。松本大臣は多分、それを突っぱねたのであろう。

松本大臣としては、そのような問い合わせや催促を総司令部からしてくるのは不思議であるとまで考えたのかもしれない。しかしとにかく、日本政府はそのような催促により案の作成を急いだ。

さて、一月二九日の閣議において、松本委員会の案が完成に近づいたため閣議で検討されることが決まった。また同日、総選挙の日程が、追放令で手間どったため、延期されることが決まった。一月三〇、三一日の閣議では松本委員会の案が検討された。その際、甲案が主とされたが、参考として乙案も配布された。

以上のようにして、幣原内閣における憲法改正作業は進行した。しかし別に述べるとおり、二月一日、松本案なるものの劇的なスクープが毎日新聞に掲載され、松本案は総司令部によって拒否される運命をたどったのである。

（昭和六〇［一九八五］年一〇月一日、八日）

註

［★65］松本大臣もこの追放令に引っかかったが、軽いものであったため、実際の追放は免れた。（昭和五九［一九八四］年七月一〇日大学院）

［★66］それまでは、松本私案が乙案、松本委員会としての案が甲案とされていた。（昭和六〇［一九八五］年一〇月八日大学院）

［★67］彼らは、日本政府に案の催促をした際、国民主権とまでは言わないまでも、日本の憲法の変えられるべき点を伝えた、と述べている。（昭和六〇［一九八五］年一〇月一五日大学院）

17 極東委員会の設置と総司令部の動向

くり返し述べるとおり、日本国憲法の制定はポツダム宣言の要求の実行としてなされた。同宣言は国家の根本的な改造、すなわち法的には憲法の根本的改革をもたらそうとするものであった。しかし日本側においては、同宣言の要求に対する読み取りが浅く、理解が欠けていた。日本政府の憲法改正作業の開始に至る立ち上がりが遅かったのは、その一つの表れである。結局、日本側の案である松本案は総司令部により拒否された。なぜならば、それは依然として天皇主権であり、また基本的人権としての国民の権利を含まず、さらに平和に関しても何ら言及していなかったため、ポツダム宣言の要求に到底沿うものではなかったからである。

一方、ポツダム宣言を発した連合国の間には、見解および目的の相違があった。それは具体的には、米ソ間の相違であった。そもそもポツダム宣言はソ連を入れないように発出されたのであるが、対日参戦とともにソ連が同宣言に加わったという経緯がある。また、別に述べるとおり、一九四五年一二月二七日、極東委員会(Far Eastern Commission)および対日理事会(Allied Council for Japan)の設置が決定された。それまで置かれていた極東諮問委員会から極東委員会への変更は、連合国の日本に対する占領管理の仕方が総司令部との関係において、弱いものから強いものに切り換えられたことを意味した。それまではアメリカの日本に対する政策方針が、そのまま連合国のそれとして働いた。つまり、形式的には連合国の共同管理であるが、実質的にはアメリカの独走であり、ソ連をはじめとするほかの連合国はほとんど影響を与えることができなかった。しかし、極東委員会の設置によって、アメリカ以外の連合国、とくにソ連は日本の占領管理に対してかなりの影響力をもつことが見込まれた。

松本案が総司令部に拒否され、また、別に述べるとおり、総司令部が憲法改正案を作ることになった背景には、以上のように、連合国の側において日本の占領管理の仕方をめぐる争いがあったのである。端的に言うと、ソ連はアメリカに対抗しようとしたのである。日本国憲法は連合国の決定であるポツダム宣言の実行として制定されたが、日本側はその点をよく理解していなかった。また、その一方で、ポツダム宣言を出した連合国の間に対立があった。それは極東委員会の設置という形で一応の決着をみたが、そのような事態の下でアメリカは事を急ごうとしたのである。

ところで、極東委員会の設置に至る経過は以下のとおりであった。日本のポツダム宣言受諾から一週間後、一九四五年八月二一日、アメリカは連合国の対日占領政策方針の案を協議する極東諮問委員会の設置を提案したが、ソ連とイギリスの反対に遭った。結局、極東諮問委員会は暫定的に発足し、そこにおいて対日占領政策方針の決定を行う管理委員会を設置する案が検討されることになった。一一月から一二月にかけて、極東諮問委員会の会合が一〇回開かれ、そこである程度の議論がかわされた。また、一〇月五日から一六日にかけてのロンドン外相理事会においても、極東諮問委員会を決定の機関とする要請がなされた。ソ連は極東諮問委員会に不参加であり、その外にあってアメリカに管理委員会をつくるよう要求し続けた。スターリンは、アメリカ側に折れるようにとのトルーマンの要請に対して、極東諮問委員会ではソ連は「一個の家具(a piece of furniture)」となってしまうとして断っている。

一二月一六日から二七日にかけてのモスクワ外相理事会は、平和条約締結に関する話し合いを主たるミッションとし、また、それに至る戦後処理を話し合うことになっていた。しかしここにおいて、アメリカはかなり折れて、決定の機関たる極東委員会を設置することにきまった。ソ連はこの極東委員会を東京に置くよう主張した。ドイツの場合はベルリンに、イタリアの場合はローマに占領のための機関が置かれていた。しかしアメリカは強く反対し、極東委員会は結局、ワシントンに置かれることになった。ただし、対日理事会が最高司令官に対する助言および監視の機関として東京に置かれた。極東委員会の決定した政策を実行するマッカーサーは、対日理事会に意見を求めなければならず、また、同理事会はマッカーサーによる政策の実行を監視する役目を負ったのである。

極東委員会における政策決定の手続は、以下のとおりであった。①極東委員会の多数決。ただし、その多数の中には主たる連合国である米英中ソ四国が全て含まれていなければならない。これは簡単にいくものではなかった。②極東委員会での決定がなされるまでは、アメリカが中間的な決定を下すことができる。これは従来の事態の継続に他ならない。③日本の占領体制を変更する場合、また、日本の憲法構造に根本的変革を加える場合、中間的決定を行うことは許されず、必ず①の原則によらなければならない。また、そのような決定が下されても、最高司令官がそれを執行するにおいて対日理事会の一人の代表でも異なる見解を表明したときには、極東委員会において意見の一致をみるまでその執行は差し控えられなければならない。以上の結果、日本の憲法の問題についてソ連も拒否権をもつことになったため、ソ連の同意がえられなければ日本の憲法改正に関する決定は行われえないことになったのである。

連合国の最大の関心事は、日本の憲法構造の根本的変革であった。アメリカは日本を自らの望ましいと思う国家にしようとし、ソ連はそれに立ちはだかろうとした。とくに極東委員会の設置により、アメリカに対する大きなブレーキの機能が日本の国家改造に関して設定された。アメリカも拒否権を有したことは事実であるが、国際的には、日本の新しい憲法がポツダム宣言に適合しているかどうかについて、連合国つまり極東委員会の承認を要することになった。このようにして、日本の憲法の問題について、米ソの一致がなければ事は進まないことになった。

マッカーサーはそのような動きに反対した。しかし、アメリカ国務長官は彼に対し、一二月三〇日付通牒において、アメリカもまた極東委員会の政策決定において拒否権を有し、また政策の実施の段階でも対日理事会においてアメリカが拒否権を行使できるゆえに、マッカーサーの行う占領政策が困った事態に至ることにはならない、と伝えている。しかし、マッカーサーのフリー・ハンドに網がかぶせられたことは事実であった。このような事態を受けて、総司令部は一二月に入って、日本の憲法改正のブロード・アウトライン(broad outline)を考え始めた。

これまでマッカーサーと総司令部は、日本政府に憲法改正案を作らせ、それを議会に提出させて、そこで決定を行わせようと考え、そのために必要な条件づくりを行ってきた。すなわち、日本政府に憲法改正の指示を与えるとともに、「自由の指令」を出し、また選挙権拡充を日本側に行わせた。さらに社会経済的措置として、財閥解体、農地解放、国家と神道の分離等を行った。しかし総司令部としては、憲法改正案はあくまで日本政府に作らせる方針であった。そのため、総司令部は、日本政府が提出するであろう改正案に備えるための準備をしていた。

例えば、日本国内の憲法改正に関する言論や民間案を総司令部は英語に翻訳し、分析整理していた。その中心人物は民政局法規課長ラウエルであった。彼はすでに日本に来るまでに、アメリカで日本の憲法について基礎的なことを勉強していた。また、日本に着いてからは、東京大学や慶應義塾大学の図書館、日比谷図書館等から日本の憲法に関する英文の資料を借り出して研究したり、日本の憲法学者を呼んでヒアリングを行ったりした。このヒアリングについては、日本人を加えて憲法の研究会が行われているという見方が当時なされたが、実際にはそうではなかった。ラウエルはそのような研究の成果として、「日本の憲法についての準備的研究と提案」と題するペーパーを一二月六日付で民政局長ホイットニー(Courtny Whitney)に提出した。これは参考として、マッカーサーにも提出された可能性がある。この文書の最大の目的は、日本政府から出される憲法改正案のチェック・リストを作成することであった[★68]。また彼は、翌一九四六年一月一一日には「憲法研究会案に対する所見」と題するペーパーを作成して提出している[★69]。なお、民政局のペーパーの中で、形として残されているのは、ラウエルのこの二つだけである。

さて、一九四六年一月九日、日本の実情を視察するため、前年の一二月二六日にサンフランシスコを船でたった極東諮問委員会の委員たちが日本に到着した。彼らは泊まるホテルがなかったため、横浜港の船の中に寝泊りした。一一カ国から来た委員の中にはソ連の代表が入っていなかった。そこで彼らは、すでに極東委員会設置が決定されていたが、極東諮問委員会の委員として行動することにした。ただし、ほどなくしてアメリカ政府から、極東諮問委員会は極東委員会に継承されているゆえに彼らが極東委員会委員として行動するのが至当である、という通告がなされている。

当時、日本において、極東委員会が設置されたことの意味はほとんど理解されなかった。ただ日本政府としては、ソ連その他の国の発言権が強くなって日本にとっては警戒すべきであるという印象をもったかもしれない。ちなみに、一月九日の松本委員会の会議が始まる直前、松本大臣は二、三人の人に、極東諮問委員会のメンバーが日本に来ましたね、と話している。

一月一七日、極東諮問委員会の委員たちと総司令部民政局のメンバーが会談した。民政局のメンバーはその時点までには、極東委員会の権限の具体的な中身がわかっていたので、同委員会がマッカーサーと彼らにとって大きな拘束となることが意識されつつ、その会談は行われた。その際、極東諮問委員会の委員たちは彼らの予想以上に、日本の憲法の問題をとりあげた。この会談の結果、民政局のメンバーは、極東諮問委員会の委員たちが彼らの予想以上に日本の憲法の問題を真剣に考えており、その問題に総司令部がかかわるのを警戒している、という印象を受けた。このようにして彼らは、今後、極東委員会によって拘束される立場に置かれることを実感した。

また一月三〇日には、マッカーサーが極東諮問委員会の委員たちと会談を行った。彼は彼らに対して低姿勢で応対した。この模様を極東諮問委員会のアメリカ代表が記録しており、マッカーサーが述べたことを次のように伝えている。「これまで憲法改正の権限は私に与えられていた。けれどもモスクワの協定により、この権限は極東委員会に移された。それ以降、憲法に関する措置は中止している。これからのことはあくまであなたがたがなされるが、私としては、日本の憲法改正は日本人自身が行ったと日本人に認められるようになされることを希望する」。ここで注目されるのは、マッカーサーが、新しい憲法が日本人の作成したものと認められることを希望する、と強調している点である。

一月三一日、極東諮問委員会の委員たちは、横浜を立って帰国の途についた。

ところで、一月七日、日本の占領管理を担当する三省である国務省、陸軍省および海軍省の各次官からなる連絡調整委員会が提出した文書であるSWNCC228をアメリカ政府が承認し、それが一月一一日、最高司令官に対する同政府の命令としてマッカーサーに送付された。その文書は「日本の統治体制の改革」と題されていた。それは法的には、憲法の改正を意味した。その文書の構成は、第一部「結論」、第二部「理由」、第三部「事実」となっている。マッカーサーはその前に、二つの文書をすでに受け取っており、最高司令官である彼にとってSWNCC228の内容は、何らかの形ですでに聞かされていることであった。しかし、このSWNCC228は、日本の統治体制の改革に関する最終的(final)かつ正式(formal)な決定であった。それは、明治憲法のままではポツダム宣言に合致しないこと、天皇に関しては廃止か、さもなければ根本的改革が望ましい、としている。また、それはマッカーサーに対して、日本の憲法改正を進める場合の注意と指針を与え、日本政府に命令するのは最後の手段でなければならないと指示している。これは反対解釈すれば、最後の手段としてならば、日本政府に命令して憲法改正を行わせてもよいことを意味した。このような文書を受けとったマッカーサーとそのスタッフは、憲法の問題に一段としっかり取り組まねばならないと感じた［★70］。しかしその一方で、既に述べたとおり、極東委員会の権限の状況が明らかとなり、同委員会が彼らにとって拘束となることが理解された。以上のような情勢の中で、二月一日を迎えた。

（昭和六〇［一九八五］年一〇月一日、八日）

註

［★68］明治憲法体制下では天皇親政の根本原理に基づき、各国務大臣、軍部、重臣、元老、枢密顧問、宮内大臣等、一つの機関に力が集中しないようにされていた。この点からラウエルは、日本に最高法規は存在しないと考えた。そのため彼は、日本に最高の法を樹立しようという気持ちをもって、日本国憲法の制定に関わった。（昭和六〇［一九八五］年一〇月一五日大学院）また、ラウエルのこのペーパーには三つの附属文書がついていた。それは、人権、統治機構、地方自治を各々扱っていた。まず人権に関しては、古典的な人権のみが扱われ、社会権は打ち出されていない。しかしそれは、社会権を否定するものでも無視するものでもなかった。アメリカ憲法においては社会権の規定はないが、具体的権利として立法によって保障されている。彼はこれと同様に考えたのである。また彼は、刑事手続等、手続規定の整備をアメリカ憲法以上にがっちり行おうとした。次に統治機構に関しては、天皇制を存続させるものとし、議院内閣制がとられている。また、通常裁判所が行政事件をも扱うこととされている。ラウエルは、まずあるのは国民の基本的人権であり、三権はそれによって直接に拘束される、と考えたのである。最後に、彼は地方自治を重視している。以上の点は、日本国憲法に極め

て近いものであるといえる。一方、ラウエルは軍の存在を明示していないが、それを前提としている。すなわち、立法権が専属的権限として軍備の量を決定することが述べられ、軍が立法権の厳重なコントロールの下に置かれるようにされている。(昭和五九[一九八四]年一〇月二日大学院)

[★69] 憲法研究会案は国務省政治顧問および総司令部の翻訳局の二カ所で英語に訳された。ラウエルは同案を高く評価したが、地方自治の規定が不十分であること、また手続的な規定がないことを批判している。この「憲法研究会案に対する所見」には前のペーパーにおいて触れられていない点も書かれており、二つのペーパーはセットして考えられなければならない。これらは総司令部案が作成される際、ひとつの基礎的資料とされた。(昭和五九[一九八四]年一〇月二日大学院)

[★70] SWNCC228はアメリカ政府の内部文書であるが、国民主権を明確に述べている。しかし、それまで総司令部は、日本政府と国民に対し、国民主権について述べる際、ぼかした表現をとってきた。一方、松本四原則は天皇主権を維持しており、その他の機会にも日本側は天皇主権の線を保つ発言を行っていた。アチソン政治顧問は、これは危険であると感じ、マッカーサーと本国政府に伝えた。とくに彼は、本国政府に対して、マッカーサーが日本政府にはっきりものを言うよう指示することを要請した。SWNCC228はその要請に応えたものであるという意味ももっていた。(昭和六〇[一九八五]年一〇月一五日大学院)

18　松本案の拒否と総司令部案起草の決定

総司令部の民政局長ホイットニーはマッカーサーに対し、二月一日付覚書を提出した。一方、同じく二月一日、日本側において、これが松本案であるといわれるものが毎日新聞に大きく掲載された。

二月一日付覚書は、極東委員会と対日理事会の権限に焦点を合わせて、最高司令官マッカーサーが一九四六年二月一日現在において、日本の憲法の改革に関していかなる範囲の権限を有するかを、法的に分析し、まとめたものである。それによると、前年一二月二七日に極東委員会が法的に設置されたが、二月二六日に現実に活動を開始するまでの間、同委員会の決定は何らなされないので、その間において最高司令官はいかなる措置をもとりうる無制約の権限を有する。しかし極東委員会が活動を始め、政策を決定するようになれば、マッカーサーはそれによって拘束されるようになる。さらに政策の実施においても、対日理事会のいずれか一国の代表でも異議を唱えれば、その点について極東委員会が決定を行うまで、マッカーサーは処置をとることができない。したがって、自明の結論は、マッカーサーが日本政府に対して憲法に関する何らかのアクションをとるのは、今のうちでなければならない、ということであった。

この覚書は二月一日より前に分析して書かれたものであり、その最後には民政局職員の全員一致の見解であると記されている。この覚書が作成されたのは、日本の統治機構について憲法の改革を行うという問題が急速にクライマックスに近づきつつある、という状況判断に基づいていた。なぜそのような状況判断がなされたかに関しては、次の三点の理由を挙げることができる。第一に、日本側において憲法改正案が民間から相次いで出されたこと、松本案が閣議に提出されて検討され始め、それが終わり次第、総司令部に提出される手筈となっていたこと、また、各政党がそれぞれの綱領に憲法改正の論議を掲げ、間近に控えた総選挙において憲法問題が重要な争点になると予想されたことである。第二に、この覚書は「日本の統治機構についての憲法上の改革」と述べてSWNCC228と同様の表現を用いているが、そのSWNCC228がマッカーサーに日本の憲法改正について思い切った措置を求めている点に示されているように、その問題がアメリカ本国政府からしても差し迫ったものとなっていたということである。アメリカ政府は、日本において総選挙の後の新議会でなされる憲法の問題に関する審議に対して極東委員会がブレーキをかけることを懸念したのである。

第三に、既に述べたとおり、民政局のメンバーが来日した極東諮問委員会の委員たちと会談した際、それら委員たちが憲法の問題に強い関心を示した結果、極東委員会の権限をリアルなものとして感じたことである。以上の理由に基づく状況判断から書かれた二月一日付覚書は、松本案の拒否とそれに続く総司令部案の起草の決定に至る経緯を明らかにするものといえる。

この覚書の提出と同じ二月一日、毎日新聞は松本案なるものをトップに掲載した[★71]。そこには、松本案が閣議で検討されて、その後に総司令部に提出されることも書かれていた。松本委員会の審議内容は秘密とされており、それまで国民は松本四原則以外、松本案の内容について知らされていなかった。松本案なるものを知った国民の反応は、この程度のものか、というものであった。それは、評価されないという以上に批判が多いという受けとめられ方であった。一方、総司令部の側も、それまで松本案の中身を知らなかった。既に述べたように、一月中旬を過ぎた頃から総司令部は案の提出を日本側に催促していたが、基本的には日本政府の案の提出を待つという態度であった。しかし総司令部のメンバーは、毎日新聞のスクープを見て、その案があまりに保守的なことに驚いた。彼らは、ある程度保守的なものであろうと予想していたが、それほどまでとは考えていなかった。つまりそれは、ポツダム宣言の要求からあまりに遠く離れていたのである。そのことは、主権について何らの基本的変更がない点、人権および平和について適正な認識がもたれていない点等に表れていた[★72]。

この毎日新聞の記事はどうして掲載されたのか。それはスクープであった。しかし総司令部はそうはとらず、日本政府が案を正式に提出するまでに総司令部の感触を探るため、吉田茂外務大臣によって上げられた観測気球(バロン・デッセ)であると考えた。その結果、諸般の事情から毎日新聞に掲載されたものが松本案に違いないと総司令部は推定したのである。しかし実際には、日本側にそのような意図は全くなく、それは全くのスクープであった。

総司令部は、毎日新聞に掲載されたものが松本案かどうかを日本政府に照会したのに対し、内閣書記官長は、それは松本案ではないと回答した。そこで総司令部は、大急ぎで案をまとめてもってくるよう指示したところ、日本政府は二月五日にそうすることを約した。

ところで、毎日新聞に掲載されたものは正確には松本案ではなかった。既に述べたとおり、松本委員会では甲案と乙案に分けて作業が進められた。ウェイトは甲案の方にあり、毎日新聞がスクープしたのは乙案の系列のものであった。乙案は比較的改正幅の広いものであったが、ただし両案とも基本的性格に違いはなかった。それで、毎日新聞が掲載したものを日本政府が松本案ではないと言ったことも、総司令部案が松本案であると推定したことも、どちらも間違いではなかったといえる。

二月一日、マッカーサーは、松本案は承認できないとした。同案がポツダム宣言の要求からあまりに遠く離れていたからであり、これが同案に承認できないとされた決定的理由であった。松本案は箸にも棒にもかからないものであり、そもそも主権および人権について認識を欠いていた。また、松本案はそれまでの民間諸案に比べて、最も保守的で遅れたものであるとみなされた。松本案なるものは新聞等において評価されず、むしろ批判されていた。そのため、松本案は日本国民に支持されておらず、国民の憲法意識は政府よりも上であると判断された。以上の結果、マッカーサーは松本案が拒否される理由を詳細に示す理由書を作り、日本政府が申し入れた二月五日に手交するよう、民政局に命令した。

二月二日、日本政府は、総司令部に案を提出して会談の行う日を二月五日から七日に延期するよう申し入れた。総司令部側は延期を認め、二月七日よりさらに五日延ばして、一二日に会談を行うことを認めた[★73]。ここにきて総司令部はなぜ二月一二日まで延期を認めたのか。既に述べたとおり、松本案なるものは新聞等でたたかれており、総司令部は松本案が日本国内において評判が悪い(poorly received)と観察していた。そのため総司令部は、日本政府および松本委員会は考え直すであろうと考えて、思い切って一二日まで待って、それまでに日本政府がもっと進歩的な内容の案を作ることを期待したのである。このように総司令部は、この時点においても何とか日本側が自らの手で改正案を合格ラインに乗せることができるようになることを望んだのである。

二月三日、この日は日曜日であったが、夕方を過ぎた頃、マッカーサーが総司令部にやって来た。彼は、いろいろと考えた末、この際、総司令部が案を作り、それを日本政府に示してそれに拠った案を完成するよう取り運ぶことにすると指示した。彼は二月二日から三日にかけて問題を慎重に熟慮した結果、憲法の基本原則の性質およびその適用、つまり原則がどのようなものであり、それを条文に書けばどうなるかということについて日本政府に教える最も有効な方法は、総司令部の側で原則を条文化した憲法改正案のモデルを作成して日本側に提示することである、と結論したのである。二月一日に総司令部案の作成がスタートしたとする説もあるが、実際にはそうではない。この決定は日本国憲法の制定過程において、ポツダム宣言受諾のうえにさらに異常性を加えるものとなった。

総司令部側としては、日本の憲法改正案がポツダム宣言からあまりに遠く離れていては受け入れることができなかった。その際、彼らとしては二つの方法が考えられた。一つは日本政府に案を作り直させることであり、もう一つは総司令部が自ら案を作ることであった。既に述べたとおり、二月二日の段階でいったんは前者の方法をとることを考えた。しかし彼らは、日本政府に考え直させても松本案がポツダム宣言からあまりに遠く離れているため、少しの期間でその「谷間」を飛び越え、同宣言の要求にかなうようになることは無理であろう、と考えたのである。すなわち、彼らからすれば、一九四五年一〇月四日と一一日における日本政府に対する憲法改正の指示、一〇月四日の「自由の指令」、一九四六年一月一日におけるマッカーサーの日本国民へのメッセージ等で、およその憲法改正の線はすでに日本側に告げていた。それにもかかわらず、日本政府は主権の転換や基本的人権について理解していなかった。一方、極東委員会が二月二六日に活動を開始することになっており、同委員会が動き出せばどのような状態になるかは、二月一日付覚書によって明らかとなっていた。そこで彼らは、このような時間の要素を考慮に入れると日本政府はたたき台となりうる程度に案を考え直すのに間に合わないであろう、また、そうなると極東委員会の制約が及んでくる、と考えたのである。

さらに、マッカーサーの立場からすれば、次のように考えたと推定される。すなわち、二月一日の毎日新聞の記事は、アメリカ政府や極東委員会の委員らも読んでわかることであろう。その結果、マッカーサーは何をやっているのか、という非難が起こるかもしれない。ポツダム宣言の要求がほとんどわかっていない案が日本政府によって作られたことで、まず責められるのはマッカーサーであった。そのような事態になれば、おそらく極東委員会は松本案に刺激されてポツダム宣言の要求をはっきり言う気持ちになり、政策の決定を急ぐであろう、と考えられた。

日本がポツダム宣言の要求に応じようと思うなら、それに沿った憲法改正が当然になされねばならず、日本政府はそれを総司令部案によって、あからさまに教えられることになった。彼らは憲法の草案を書いて、それをガイドブック、つまり初歩の手引きとして日本政府に与えようとしたのである。この点は、総司令部からアメリカ政府に提出された文書の中で述べられている。総司令部で案を起草するという決定はまた、勇気を必要とした。なぜならば、極東委員会がまさに活動を始めようとしているときに、総司令部が自ら案を作るということは、同委員会に対する挑戦たる措置であったからである。

（昭和六〇［一九八五］年一〇月八日、一五日）

註

［★71］松本委員会の部屋は総理官邸の一番奥にあり、新聞記者はそこまで入ることはできなかった。それにもかかわらず毎日新聞がスクープしたことは、私（大友）には信じられないことであった。そのスクープをした西山（柳造）記者は、その案はたまたまもらったものであると述べたり、また、ある委員からとったと述べたりしており、その点が定かでない。後に、私は憲法調査会の一員として面会を求めたが、彼はそれを断った。（昭和六〇［一九八五］年一〇月二二日大学院）

［★72］松本案において、平和に関連する事項は、明治憲法における「陸海軍」という文言を「軍」と改めたこと一点だけである。（昭和五九［一九八四］年九月二五日大学院）

［★73］また、日本側は二月一二日に行われる会談をオフ・ザ・レコードとするよう申し入れたが、総司令部はその点についても承知した。（昭和五九［一九八四］年九月二五日大学院）

19 総司令部案の起草（一）

一九四六年二月三日夜、マッカーサーは民政局長ホイットニーを呼んで、日本政府にモデルとして提示する案を民政局長が起草し、二月一二日に手交する旨を告げた。彼はその際、憲法改正案の中身を書くについての三つのポイントを記した「マッカーサー・ノート」をホイットニーに手渡した。これについては別に述べることにする。

民政局長ホイットニーは、次長のケイディス(Charles L.Kades)と課長のラウエルおよびハッシー(Alfred R Hussy Jr.)を呼んでマッカーサーの指示を伝え、三人が総司令部案起草のプランを立てるよう告げた。その結果、その三人がまとめ役として運営委員会(steering committee)を構成し、その下に小委員会(subcommittee)として、天皇を扱うチーム、人権を扱うチーム、内閣、国会、裁判所をそれぞれ扱うチーム等が設けられた。各チームで第一次案ができると運営委員会のところへ持っていかれた。そこで検討をうけると、第二次案、第三次案というように作業が進められた。運営委員会はまた、小委員会の調整も行った。また、運営委員会の三人もまた小委員会に加わった。例えば、ラウエルは裁判所を扱うチームに加わった。この仕事に携わった民政局職員の数は、二二名から二三名であった[★74]。

二月四日、以上のプランはホイットニーに了承された。次いで、直ちに民政局職員全員が集められた。ホイットニーは、「これから二月一二日までに、民政局は憲法制定会議の役割を果たすことになる。マッカーサー最高司令官は我々に、新しい日本の憲法を起草するという歴史的な仕事を託された」と述べて、総司令部案起草を明らかにした。それに続いて、今後の作業に関してフリーなディスカッションがなされた。また、以下の点が申し渡された。第一に、憲法のたて方はできるだけ明治憲法のたて方をとることにする、という点であった。第二に、案の内容に関しては次のとおりであった。明治憲法は天皇が中心であり、天皇の権限が発動されやすいように規定がなされている。しかし我々の案では基本的人権を中心とし、国民の権利が侵害されないように国家権力の発動を抑制するように規定する。また、主権は国民に在るとされること、さらに平和に関しては、国連憲章を念頭に置いて考えるということであった。

この作業は厳重な秘密のうちになされることを要した。極東委員会に知られないようにするための用心として、アメリカ政府にもそれは知らされなかった。当然、総司令部の民政局以外には極秘とされ、他の部署の者が民政局に出入りするのを禁じ、作業を進めるうえでの連絡には暗号が用いられた。ただ表向きには、追放に関する作業が行われていることにされた。

二月五日と六日、憲法の各章のポイントについて話し合いがなされた。例えば、国会は一院制とするか、二院制とするか、天皇に行政上の権限を認めるかどうか、裁判所の違憲審査権の効力をどの程度のものとするか等の点が検討された。次いでチームごとに作業が始められ、翌七日にはもう第一次案が出始めた。

二月一二日、作業はだいたい第三次案どまりのものにかんなをかけて、あるものは第四次案まででいって、夕方に案が完成した。その中で地方自治を扱うチームの案が最も情けないものであったため、ラウエルが一人で書き上げている。司法の章の案はよく書けていた。最も議論になったのは人権の章であり、これが第四次案までいき、運営委員会と意見が対立する場面もあった。二月四日の時点で民生局の職員たちはこの仕事のことを聞かされて興奮した、と言っている。彼らは情熱をもって事に当たったのである。

総司令部が自ら案を作ると決定した理由は既に述べたとおりであるが、他方、そうすることについては、第一にアメリカ政府との関係において、第二に極東委員会との関係において法的根拠が必要とされた。アメリカ政府との関係においては、SWNCC228は最後の手段として日本政府に命令できる旨を述べていた。ただし彼らは、日本政府に総司令部案を命令(order)としてではなく、むしろ教え示すための勧告(recommendation)として提示するつもりであった。それは適切であり、また可能であった。

次に極東委員会との関係においては、二月一日付覚書が示すように、マッカーサー最高司令官は極東委員会が動き出し、政策を決定するようになるまでは拘束されない。しかし極東委員会はすでに法的に設置され、日本の憲法の問題に関して担当することに決まっていた。それはいわば、法律が公布されたが、すぐには適用されない状態であった。それゆえ、総司令部がこの時点で案を作ることは一つの冒険であり、極東委員会に対する挑戦を意味した。それは同委員会を出し抜くことであった。しかし、その権限を侵すところまでには至らなかった。マッカーサーは、極東委員会が実際に活動を開始するまでをいわば猶予期間と見て既成事実をつくろうとしたのである。彼らにとってそれは勇気を要する決断であった。事の真相が明らかとなった後の極東委員会の委員たちとしては、「こいつ、やったな」という気持ちであったろう。

ところで、総司令部案が起草される際、内容的にポツダム宣言以外には白紙であるところに条文が書かれたのではない。その際、土台とされたのは次の文書である。第一は、SWNCC228であり、第二は、「マッカーサー・ノート」、第三は、ラウエルの作成した二つのペーパーである。第三の文書については既に触れたが、それらは第一および第二の文書に比べてずっとウェイトが落ちる。第一から第三の文書をあわせると、だいたい総司令部案に近いものがでてくる。それらが日本国憲法の下地をなしたのである。また、彼らは起草の際、英米の憲法に関する著書やソ連憲法、ワイマール憲法等、手に入るものを参考にした。フィリピンの憲法も参考にされたと思われる。それが、アジアにおいて存在するアメリカ的な憲法であったからである。さらに、ラウエルは、既に述べたように、日本の憲法に関して英文で書かれた資料を研究していた。彼はまた、一九四五年一〇月から一二月にかけて日本国内で出版された資料をファイルしていた。

しかしそれにしても、彼らには起草のための時間が約一週間しかなかった。二月一一日までに案を完成させる予定であったが、一二日までかかったため、日本政府との会談は一三日に延期された。

では、第一から第三の文書は総司令部案の起草において、それぞれ具体的にどのような働きをしたのか。SWNCC228の表題は「日本の統治体制の改革」とされ、主として統治機構について書かれていた。基本的人権に関しては(a)項五節で、「日本臣民および日本の統治権の及ぶ範囲内にあるすべての人に対し、基本的人権を保障すること」という点に触れられているにすぎなかった。そこで基本的人権については、ラウエルのペーパーが参考とされた。また、SWNCC228ではペンディングにされている点が二つあった。それは、天皇の問題と自衛の問題であった。これらについて補い、はっきりさせたのが、マッカーサー・ノートであった。

日本の国家の改革に関する最大の焦点は天皇の問題であった[★75]。SWNCC228では天皇の廃止と存続がオールタナティヴに書かれている。それは、ポツダム宣言が日本国民の意思によって決めるものとしていたことだからである。その点についての日本国民の決定は占領の期間中になされることになっていたが、二月三日の時点で決定しなければ草案はできない。その決定を行ったのはマッカーサーであった。「マッカーサー・ノート」の第一項は、従来のままではなく新しい在り方のものとして天皇を存続させることにしている。なぜ彼は天皇制の維持を決定したのか。それは、彼が当時の日本国民の気持ちを読み取ったからであった。当時、ほとんどの日本国民は天皇制を保持する考えであった。しかし彼らの間でも、明治憲法のままで天皇制を維持すると考える人は少なく、民主的な天皇と考えるのが一般的であった。マッカーサーは日本国民にとって心理的な中心である天皇を、その在り方を根本的に変えるとしても、壊さない方がよい、と考えた。この点で総司令部案の起草において日本国民の意向が働いたといえる。また、マッカーサーとしては、占領統治のためには天皇制を存続させた方が都合が良かった[★76]。

アメリカ政府部内では、天皇制廃止論もある一方で、天皇制を形式的に残すとする考え方や、国民主権に基づくのであれば天皇にある程度の権限を持たせてもよいとする考え方が存在した。SWNCC228では、天皇制を廃止する方が後に書かれている。ただし、存続させるとする場合の書き方は、現行の日本国憲法における天皇より重い存在となっている。一方、アメリカ国民においては、天皇が軍国主義と結びついていたため、国民感情として天皇に反感を持つ者が多かった。しかし、既に明らかなように、アメリカ政府の方は天皇制の存続に傾いていた。同政府は、いったんはポツダム宣言に天皇のことを書こうとしたが、そこまでするのはいきすぎであるとして削除された。しかしそれは書かれないということにすぎず、天皇をどうするかは日本国民が決めるものとされたのである。アメリカ政府としては、日本国民は天皇制を残す方を選ぶであろうと推測した。トルーマン大統領自身も天皇制を残す方がよいと考えた。

マッカーサーは、以上のような日本国民の気持ちとアメリカ政府の意向をくみとって、国民主権に基づくものとして天皇制を保持することを決定した。「マッカーサー・ノート」の第一項では、「天皇の職務および権能は……国民の基本的意思に応えるものとする」とされている。これは、天皇が国民の意思に基づくものとされることを意味しているととってよい。天皇の存在自体およびその行為が日本国民の意思に基づくのである。また、同じく第一項には「天皇は国の元首の地位にある」[★77]と述べられており、「天皇は国の元首である」とはされていない。英文を参照するならば、"The Emperor is at the head of the state."となっており、"The Emperor is the head of the state."とはされていない。マッカーサーはこの表現の中に天皇に対する象徴の意味を含めているものと思われる。民政局のスタッフがこれを条文化した際、総司令部案において、天皇は象徴であり、国事行為を行うものとされた[★78]。すなわち彼らは、天皇を形式的(formal)、儀礼的(ceremonial)、また社会的(social)な存在としたのである。

次にSWNCC228がペンディングとし、「マッカーサー・ノート」がはっきりさせた点は、自衛の問題であった。ポツダム宣言は日本軍を武装解除すること、日本の国家改造のために日本が占領下に置かれることを要求していた。また同宣言は、その目的が達成されたら占領軍は直ちに撤収されるとしていた。しかし占領終了後、日本が依然として非武装かどうかに関しては、ポツダム宣言から二通りの読み方ができる。ひとつの読み方は、占領の目的を達成し、軍国主義が存在しなくなったのであれば、独立の国家として武力を認めてもよいとするものである。もうひとつの読み方は、占領が解かれても日本に武力を認めるのはまだ危ないとするものである。ただポツダム宣言のニュアンスでは、日本の非武装の状態が占領終了後もしばらく続くことが考えられているように思われる。

一方、占領終了後も二五年間、日本を非武装とする構想があった。対日非武装案と呼ばれるものがそれである。これはドイツに対する非武装化条約案とほとんど同じものであった。それは、この条約を締結した国が日本を監視し、もし日本に違反があれば国際連合に報告してその制裁の発動を求めることを内容としていた。この案はアメリカ政府が作成したものであった。一九四五年一〇月のロンドン外相理事会においてバーンズ国務長官が口頭でその構想を語ったところ、ソ連のモロトフ外相が関心を示したといわれる。それは同年一二月のモスクワ外相理事会においても、正式の議題とはされなかったが、話し合いがなされ、案文が整えられた。スターリンはモロトフにそれについて研究するよう指示している。しかし翌一九四六年五月のパリ外相理事会において、ソ連はこの構想には賛成できないとした。その理由は、ドイツの非武装化がドイツの統一を伴っていたことであった。その結果、非武装化条約案は日本に関しても自然に流れることになった。

ところで、一九四六年二月初めの時点で、アメリカ政府はこの問題についてどのように考えていたのか。SWNCC228によれば、アメリカ政府は占領終了後すぐか、あるいは、しばらくしてからかは別として、日本にやがて軍が置かれることを想定していた。すなわち同文書の(d)項四節では、天皇は軍事に関する権能を剥奪され、天皇の軍ではなく国民の軍とすることが述べられている。また(c)項二節では、国務大臣は文民でなければならないことが述べられている。つまり内防衛は行政部が担当するが、SWNCC228によれば、行政権を有するのは内閣である。つまり内閣が軍の指揮管理を行うので、国務大臣は文民でなければならないとされたのである。

しかし、SWNCC228は占領終了後いつから日本が軍を持つようになるかはペンディングにしており、一方、当時、前述のとおり連合国の間では非武装化条約案が話し合われているところであった。そのような状況の中でマッカーサーは、日本の自衛に関する決定を行った。「マッカーサー・ノート」の第二項がそれである。それによると、「国権の発動たる戦争は廃止する。日本は、紛争解決のための手段としての戦争、さらに自己の安全を保持するための戦争をも、放棄する。日本は、その防衛と保護を、今や世界を動かしつつある崇高な理想に委ねる。日本が陸海空軍をもつ権能は、将来も与えられることはなく、交戦権が日本軍に与えられることもない。」と述べられている。これは日本国憲法第九条の原型となった。しかしそれは、マッカーサー一人の発想ではなかった。

一九四六年一月二四日、幣原首相がマッカーサーを訪ねた際、戦争放棄に関する会話がなされた。二人の会談は三時間四〇分にわたってなされたが、その話題をどちらが先に言い出したかについては見方が分かれている。マッカーサーは後に、幣原首相が先に言い出したと述べているが、幣原首相はそこまでは明らかにしていない。私(大友)としては、この会談において戦争放棄という発想のイニシアティヴをとったのは幣原首相の方であると思われる。しかしともかく、戦争放棄について話し合われたことは事実であり、それゆえ第九条の発想はこの会談に由来するといえる。「マッカーサー・ノート」第二項は、その会談における二人の会話のブロード・アウトラインを書き表したものである、とマッカーサーは述べているが、肯定してよいと思われる。

その会談において幣原首相は以下のように述べた。「これからの日本は原子爆弾をうけた経験に鑑みてもう戦争をくり返すべきではなく、国際協調、平和を旨とすべきであり、戦争放棄の立場をとるべきである。そのためには不戦条約のように戦争放棄を規定するだけでは不十分である。それを裏付けるためには日本が軍を持たないことが必要である。やがては世界に軍がなくなり、戦争がなくなることが願われる」。マッカーサーはこれに共鳴して次のように述べた。「戦争の悲惨さは身にしみている。これからの戦争を防止することが課題である。そのため、その裏付けとして軍をもたない体制を日本のこれからの行き方とするのがよいと思われる。そしてそれが、やがて世界の在り方になることが願われる」。二人は一方が軍人、他方が元外交官であり、ともにリアリストであった。しかし、彼らはこの会話を交わしたとき、互いに抱き合って感激した。ただし、幣原首相が戦争放棄と戦力不保持を憲法に規定すると言ったのかどうかは定かではない。マッカーサーは幣原首相がそのように言ったと語っている。私としてもそのように思われる。だが、どこまではっきり言ったのかはわからない。現行の第九条のようにはっきりと条文化することまで幣原首相が言ったかどうかは疑問である。しかし二人が現行の第九条のような形ではないしにても、広く憲法というものにその点を出そうとしたとみてよいと思われる。

さて、ともかく以上のようにして、SWNCC228と「マッカーサー・ノート」により起草される草案の骨格ができあがった。しかし、それだけではまだ漠然としたものがあった。それは基本的人権に関することであった。既に述べたように、SWNCC228は（a）項五節で基本的人権の保障に言及しているにすぎない。しかしアメリカ本国政府からすれば、基本的人権に関して具体的に述べる必要はないと判断したのであろう。当時の日本には、基本的人権について書かれたものはほとんどなかった。しかしアメリカでは、連邦のみならず各州も人権規定のカタログをもっているので、感覚的にはそれらを考えて日本の実情に合わせればよい、とアメリカ政府は判断したのであろう。

さらにSWNCC228は、日本の統治体制を扱っているが、政治部門すなわち立法権と行政権が主であり、司法権については言及されていない。しかしアメリカの発想では、基本的人権と司法権は当然にセットとして考えられるべきものであるため、基本的人権が保障されるということは、制度的には司法権が基本的人権を確保するように樹立されることを意味する。それゆえ、SWNCC228が司法権に言及していないからといって、それを軽視するものではなかった。また、地方自治についても同様であって、SWNCC228はその(a)項六節で言及しているにとどまる。このような結果、基本的人権と司法権、また地方自治に関してはラウエルのペーパーが参考とされた。なお、ラウエルは憲法研究会案に対してコメントをしており、それを通じて憲法研究会案が総司令部案の起草の参考とされたのである。

以上のように、ポツダム宣言を根本としつつ、SWNCC228と「マッカーサー・ノート」を骨格として、さらにラウエルのペーパーが補完することによって、総司令部案の下地ができあがった。そのような下地があったからこそ、民政局のスタッフは約一週間で起草することができたのである。とはいえ、それらの文書は条文化されていたわけではなかったので、憲法改正案として法典化することはたいへんな作業であった。総司令部案は単にそれらの文書の機械的拡張ではなく、それらを発展させて書かれたものであった[★79]。その作業は昼夜兼行してなされた。彼らの努力と能力は評価されるべきであり、私は彼らがよくやったものであると思う。それが可能であったのは、起草を行ったメンバーの主力が法律家であったからである。例えば、ケイディス、ラウエルおよびハッシーは、ハーバード大学ロー・スクールの出であった。なお、マッカーサーは案の作成に終始関心を抱き、ここぞというポイントでは報告を受け、相談を受けた。

彼らが起草の際に意を用いたのは、政治的配慮から、極力形のうえでは明治憲法の在り方を踏襲しようとしたことである。それは、天皇およびその政府を通じての憲法改正であり、また、天皇制が存続するとされたからである。さらに、その方が日本国民に受け入れられやすいであろうと考えられた。その結果、総司令部案のたて方は明治憲法と同じたて方がなされ、言葉使いも使えるものは明治憲法からとられた。

一方、内容的な面では、彼らはワーカブル(workable)な憲法とすることに意を用い、紙の上だけの憲法とならぬよう注意した。それは、彼らが実務家であったからであり、また、ワイマール憲法の失敗を知っていたからである。ワイマール憲法においては、そこに規定された社会権は全く実現されず、議会は厳格な比例代表制による小党分立のために、立法が困難であり、制定される法律の数が少なくなるに応じて大統領命令が発せられた。また同憲法では直接民主制がいくつも採用されていたが、それらはほとんど機能しなかった。このようにワイマール憲法が議論倒れに終わったことを彼らは知っていたので、その二の舞を演じぬよう気をつけたのである。さらに、明治憲法が国家権力が発動されやすいように書かれていたことに対し、案を起草するときの彼らの気持ちは、日本に権利の章典をうち立てようというものであり、そのため、権利を制限するようなことは書かず、義務も規定しないようにされた。その結果、総司令部案において義務は一つもかかれなかった。当然の限界として、公共の福祉という文言が注意的に書かれた[★80]。また、彼らは基本的人権が保障されるような行政、立法を考え、司法権を基本的人権のための最後の砦としようとしていたのである。

（昭和六〇［一九八五］年一〇月一五日、二二日）

註

［★74］民政局の職員たちは、かなりよくできる人たちであった。その中には女性も含まれていた。（昭和六〇［一九八五］年一〇月二二日大学院）

［★75］極東委員会においても、日本の憲法に関する最大の焦点は天皇制の問題であった。当時の日本は物理的条件として革命の要件は整っており、ソ連は日本が天皇制廃止を含む根本的改革によって混乱状態に陥ることを期待していた。オーストラリアとニュージーランドは、天皇制を危険視していた。中国においてもかなりの勢力が天皇制廃止の立場であったが、蔣介石自身はそこまではっきりとは言わず、日本国民が考える問題であるとした。一方、イギリスは天皇制廃止を唱えず、むしろ廃止することの方を懸念した。ただし、当然、天皇制は改革されなければならないと考えた。ちなみにイギリスは、アメリカ政府がポツダム宣言を発出する際、マイナーな点であるが天皇制に配慮した申し入れを行っている。（昭和六〇［一九八五］年一〇月二二日大学院）

［★76］マッカーサーは、天皇制を廃止するなら、占領統治のためにさらに一〇〇万人の兵力が必要とな

るであろう、ということを、一九四六年一月三〇日の極東諮問委員会の委員たちとの会談で述べている。(昭和五九[一九八四]年一一月六日大学院)

[★77] このように訳したのは、宮沢、芦辺、小嶋、久保田のグループであり、それには、元首的である、という気持が表れている。それは、当たらずとも遠からずといえよう。(昭和六〇[一九八五]年一〇月二二日大学院)

[★78] 世界的にみて、元首という観念は広がりのある緩やかなものとなってきており、今や権力をもつということはその要素ではない。(昭和六〇[一九八五]年一〇月二二日大学院)

[★79] 総司令部案を起草する作業中、「我々の案は日本側の案から随分離れている。それを日本政府が受け入れても、日本国民は政府の案であると信じるだろうか。我々の案は日本人の心理からかけ離れているのではないか」という疑問が出された。しかし、それに対してケイディスは、「日本政府の案はだめだが、民間の案の中には優れたものがあり、我々が作り上げつつある案とほとんど変わらない。それゆえ、我々の案が日本人のおよその心理とかけ離れているということはない」と答えた。(昭和五三[一九七八]年度学部)

[★80] 基本的人権と、その調整をはかる公共の福祉は、相伴うものであり、かつ相対抗するものでもある。アメリカ憲法では人権に対して制限的な文言は入れられていないが、公共の福祉は前提とされている。一方、独伊の憲法では、人権に対する制限的規定が置かれている。(昭和五九[一九八四]年九月二五日大学院)

20 総司令部案の起草(二)

日本国憲法は、以下のように構成されている。すなわち、前文、天皇、戦争放棄、国民の権利義務、国会、内閣、裁判所、財政、地方自治、改正、最高法規、補足の順である。本章では、日本国憲法の成り立ちに関して総司令部案起草の段階では前文および各章がどのように書かれたかを扱う[★81]。

まず前文に関して、総司令部起草の段階での成り立ちを扱うことにする。一般に前文の使命は、憲法制定の目的と由来を説明すること、換言すれば憲法の原理、原則を示すことである。日本国憲法においても、その由来を示すものは前文であり、また、例えばその中の「自由のもたらす恵沢を確保し」という文言は自由を国家生活の原則とすることに他ならない。ふつう前文は憲法に深い認識をもっている人物が担当する。日本国憲法の前文を担当したのは、運営委員会の三人のうちの一人、ハッシーであった[★82]。彼はその三人の中で最も情熱と感情を感じさせる人間であった。私(大友)は個人的には、ハッシーが激情的であるとまで感じた。日本国憲法の前文が何となく熱を帯びているのはそのためであり、彼の人柄が反映されている。その前文は四部から成っているが、最初に書かれたのは第一段と第四段であり、次に第二段、最後に第三段が書かれた。第一段では、平和、国民主権および基本的人権という三つの原則が挙げられている。第四段は、この憲法でやっていくという誓いの文章である。また、第二段と第三段は、何よりも平和、国際協調を強く述べている。このように前文において、ポツダム宣言で示された原則が明確に示されている。この前文は何ほどの議論もなく、総司令部案の段階でまとまった。

次に、天皇の章に関して、総司令部案の起草の段階での成り立ちを扱う。これが第一章に置かれたのは、明治憲法のたて方を継続するとの方針から、また、天皇が日本国民の心に占めている位置を考えたうえでのことであった。天皇は国会、内閣および裁判所という国家機関と結びついた存在であり、とくに内閣つまり行政権と深い結びつきをもつ。国会は国民の代表であり、裁判所は独立性を求められる。この二つを除いたものが行政であり、天皇をどのように規定するかは、行政をどのように規定するかということと深いつながりを有する。既に述べたとおり、SWNCC228は、日本国民が天皇制を廃止する場合と存続させる場合とに分けていたが、総司令部案起草の段階でマッカーサーが日本国民の意思をくみとって決定を行った。「マッカーサー・ノート」は、天皇が元首の地位にあること、および国民の基本的意思に応えることとしている。

これらの点は日本国憲法ではどのように書かれているか。第一に天皇は日本国の象徴であり、第二に天皇は憲法に定める国事行為を行う[★83]。これらは総司令部案がそのまま日本国憲法の規定となったものである。では、それらの点は「マッカーサー・ノート」とどのように結びつくか。SWNCC228においては、内閣が天皇を補佐する（assist）ものとされて天皇が意思行為することが前提とされていたが、総司令部案においては天皇の地位はもっと下げられ、意思行為はしないものとされた。すなわち、民政局のスタッフは「マッカーサー・ノート」から、天皇は主権を有せず、国民の意思に基づくことが根本であると考えた。その結果、彼らは、天皇は意思行為をしない、つまり内閣が助言と承認によって意思を形成し、天皇は形式的儀礼的行為のみを行うこととしたのである。そのため、天皇は明治憲法下の行政上の実質的権限を全くもたず、認証、法律の公布等の行為のみを行うものとされた。それが総司令部案となり、日本国憲法の第六条および第七条として成立したのである。

一般に象徴とは、抽象的なものを具体的なものを通じて感じさせ、意識させる働きをもつ存在である。天皇が日本国の象徴であるということは、天皇は人間であるが、国家と国民という集合的抽象的存在を具体的に表すということである。日本では日本国憲法が成立するまで、天皇に関して象徴という言葉にはほとんどなじみがなかった。イギリスではとくに一九世紀の頃からいろいろなところで、国王がシンボルつまり象徴として言及されている。民政局のスタッフは、天皇が日本国民の心の中に存在しており、ある地位をもっていることを強く意識した。総司令部案についての説明書の中でも彼らは、天皇が日本人の心の中心であると述べている。象徴という言葉はケイディス、ハッシー、ラウエルのうち、誰が言い出したというものではなかった。おのずからそうなったのであり、ウェストミンスター条例のような規定も参考としたわけではない。

以上のように、天皇が国民の心理において象徴とされ、国家の活動においては国事行為という儀礼的形式的なものに限られたことについて、それでも天皇は「マッカーサー・ノート」が述べるように、「元首の地位にある」といえるか。イギリスでは元首の権力的側面は徐々に削られてきたが、国家の行為は国王の行為として表に出され、儀礼的な機能にとどまらず、また認証のような事実行為はしない。「元首の地位にある」というのはイギリスが参考とされたが、しかし総司令部案においては国民主権ということから考えて、天皇は国事行為だけを行うものと規定されたのである。民政局のスタッフによると、そのような天皇は儀礼的また形式的な元首であり、国民の基本的意思がまずあって、それに天皇がそのまま応えることが根本とされた。その結果、天皇は国事行為として、国家の行為の行政的側面のうちいわば上澄みの部分を行うこととされたのである。

以上のようにして、天皇の章はあまり議論にならずに書かれた。それは、運営委員会の三人で天皇に関する根本の在り方が話し合われたためであり、またイギリスというサンプルがあったからである。

さて次に、戦争放棄の章に関して総司令部案起草の段階での成り立ちを扱うことにする。総司令部案の起草の際、日本が占領終了後、やがては独立国として自衛することになるとしても、すぐにそれを認めるのか、あるいは一定期間非武装とするかが問題とされた。既に述べたとおり、SWNCC228は憲法の問題として、占領終了後すぐに日本が軍をもつとももたないとも言っていないが、やがては軍を保有することが想定されている。また、国際間で話し合われた非武装化条約案は一定期間日本を非武装化することをその内容としていたが、成立しなかった。しかし日本国憲法第九条は、日本が戦力をもたないとしている。日本が武装しないことを憲法に書くということは、SWNCC228からはずれており、また、非武装化条約案は憲法としてではなく、国際間の条約の問題として考えられたものである。そのようなわけで第九条は、一九四六年一月二四日のマッカーサーと幣原首相の会談に拠ったものである。これについては既に述べたとおりである。これに基づいて、「マッカーサー・ノート」第二項が書かれたのである。

総司令部案において第九条（総司令部案では第八条）の起草を行ったのは、運営委員会の三人であった。これはマッカーサーの直接の指示によるものであり、彼らはマッカーサーの考えを聞きやすい立場にあった。ケイディス、ハッシーおよびラウエルは各自、自分が第九条の原案を書いたとしている。これは、彼らがそれぞれ自分の案を作って、それを寄せ集めて一定のものにしたことからきているものと思われる。そのようにして原案がある線までいくと、彼らはホイットニーを通してマッカーサーにそれを提出し、彼の意見を聞いた。彼らは当初、戦争放棄の章は前文に書こうとした。それに対してマッカーサーは、現行の第九条の部分は本文に入れ、残りの部分はそのまま前文第二段に入れるよう指示した。このようにして「マッカーサー・ノート」第二項は、本文に位置づけられる部分と前文に位置づけられる部分とに分かれた。

引き続いて、国民の権利義務の章に関して総司令部案の起草の段階での成り立ちを扱う。既に述べたとおり、SWNCC228は基本的人権に関して簡単に一言述べているだけであり、アメリカ政府の考えでは、日本の実情をみながら総司令部の側で考えればよいということであった。また「マッカーサー・ノート」も基本的人権そのものには触れていない。そのため、基本的人権に関してはラウエルの研究を下地として、民政局スタッフの協働によって起草がなされた。人権は「人権のカタログ」という言葉があるように、定型化されている。しかし、実際にいよいよ条文化するに際しては、いろいろな書き方がある。他の小委員会では三次案どまりであったのに対し、人権を扱う小委員会だけは四次案にいくまでもめた。この章の原案は当初、第一部から第四部に分かれていた。なお、この分け方は案が日本政府に渡される前日まで残っていたが、最後の段階でなくされた。

第一部が総則、第二部が自由権、第三部が社会経済権、第四部が司法上の人権(内容的には身体の自由にかかわるもの)[★84]に分かれていた。第一部は基本的人権の本質および重要性を強調しており、現行の第一一条から一五条と第九七条にあたる。第三部には社会権と財産権が含められていた。当初、社会権についてはそれを憲法に規定する立場とそうしなくともよいとする立場があったが、結局、社会権に基づく立法がなされるように規定することで落ち着いた[★85]。また彼らの考えでは、財産権が社会経済権の一つとして考えられ、その社会性が強調された[★86]。そのため、財産権に関する公共の福祉は現行の日本国憲法より強い意味合いで書かれていた。

（昭和六〇年一〇月二九日）

註

［★81］日本国憲法の解釈において立法者意思の占める地位は他の憲法より重いといえる。しかし、憲法議会における金森国務大臣の答弁は、彼が憲法制定過程に直接関与していないゆえに、立法者意思を代弁しているとはいえない。日本国憲法の原案は総司令部が作成したのであり、総司令部で起草にあたった人の考えを踏まえなければならない。また、それとともに英米法の理解が必要である。一方、日本国憲法はその後、日本的なものとして成長しつつあり、それを解釈するにあたって日本的発想があってもよいと思われる。（昭和六一［一九八六］年一月二一日大学院）

［★82］ハッシーによると、彼はニューギニアにいた頃から個人的に日本の憲法の問題を考え始めた。また彼は、総司令部のアメリカ政府に対する「日本の政治的再編成」と題する報告において、日本国憲法に関する部分を担当して書いた。なお彼は、ラウエル、ケイディスらよりもずっと後まで日本に残った。（昭和五九［一九八四］年一〇月一七日大学院）

［★83］天皇が象徴であるということと、天皇が国事行為を行うということは、全く別のことである。前

者は国民の心理作用の問題である。それは歴史、伝統によるものであり、社会共同体としての国家の問題である。一方、後者は行政作用の問題である。天皇の国事行為には、法的効果を有しない事実行為、認証および天皇の名においてなされる行為の三通りがある。（昭和五六［一九八一］年一〇月六日学部）

［★84］彼らは、日本においては司法上の人権を固めておくことによって、精神的自由の保障が果たされると考えた。日本国憲法第三一条以下は刑事手続に関する条文であると考えられ、それらが行政手続に及ぶかどうかが問題となる。総司令部案第四三条においては刑事手続に限定されていなかった。現行の規定のようになったのは、日本政府に案が渡されてから後のことであった。（昭和五九［一九八四］年一〇月一七日大学院）

［★85］ラウエルは社会権を憲法にとくに規定する必要はないとの立場であったが、そうすることに反対するところまではいかなかった。憲法に社会権を書くことにとくに熱心であったのは、彼らのうちニューディール意識の強い者たちであった。その者たちは、日本では社会権の意識が弱いので憲法に規定することが必要であると考えた。また、ローズベルトの「四つの自由」の一つに「欠乏からの自由」が含まれていたことからも、そのように考えられた。ただし、書き方としては、ワイマール憲法のような詳細な規定ではなく、簡潔に条文化された。ちなみに、ボン基本法では社会権規定はなく、単に「社会的連邦国家（sozialer Bundesstaat）」と書かれているにとどまる。（昭和五九［一九八四］年一〇月一七日大学院）

［★86］戦後日本では、財産権規定について自由主義的解釈が多かったが、総司令部案においてはそのような考え方ではなかった。（昭和五九［一九八四］年一〇月一七日大学院）総司令部案第二八条には「土地及び一切の天然資源に対する終局的権原は、国民全体の代表としての資格での国家に存する」

と規定されたが、これは所有権が国にあるという意味ではなく、最終的処理の権限が国にあるということ、つまり公用徴収権を意味した。この規定をラウエルは、バッド・ドラフティング(bad drafting)であったと述べている。なお公用徴収権は、日本国憲法ではその第二九条三項に規定されている。

(昭和六〇[一九八五]年一二月一〇日大学院)

21 総司令部案の起草（三）

前回に引き続いて、残りの各章の総司令部案の起草段階における成り立ちを扱う。

まず国会、内閣および裁判所の各章を一括して、統治機構に関する問題として取り上げることにする、SWNCC228は「日本の統治体制の改革」という表題が示すように、統治機構(government)について書かれた文書である。その(a)項第一節は「選挙民に対し責任を負う政府(responsible government)を樹立すること」としている。また、ポツダム宣言の要求は「責任アル政府(responsible government)」をうち立てることであった。当時、日本ではこの文言が狭くとられて、行政権が議会に対して責任を負うことを意味すると受けとられた。しかし、"government"という英語が示すように、これは三権を含み、広く統治機構全般に及ぶ意味であった。その点は例えば、行政部が"executive branch of government"と呼ばれることにも表れている。また、"responsible"とは責任を負う、責任を問われる、ということであり、それは"government"が国民の意思に基づき、国民のためにあるということに基づく。このように、"responsible"とは国民主権の原理を表す言葉である。

統治機構が責任を負うものであり、また三権に分立するということの他に、大統領制をとるか、議院内閣制をとるか、という選択が総司令部案の起草においてなされる必要があった。SWNCC228は(d)項において、天皇制を残す場合の行き方として議院内閣制を決定していた。それゆえ、総司令部案において議院内閣制が採用された。天皇制を残すことと議院内閣制を採用することが結びつけられたのは、イギリスの経験に鑑みて自然なことであった。そのイギリスにおいては、主権はキング・イン・パーラメント(king in parliament)にあるとされ、また、議会主権という言葉があるように、議会が最高機関である。総司令部案においても、三権分立の一方で、国会が「国権の最高機関」であるとされた。それは、国会が国民を代表する議員からなっているからである。そこには、日本の国家主権の芯柱となるのは国民の代表から成る国会であるという考えが含まれている。総司令部案においては、国会は現行の日本国憲法よりも強い存在であった。後者においては、国会は内閣により解散され、また裁判所により法律が違憲審査を受けるため、実質的に最高の存在ではないとの指摘がある。一方、総司令部案においては、解散は内閣の不信任決議が可決されるか信任決議案が否決される場合に限定され、また人権以外の問題では国会が違憲審査を行うこととされていたのである。さらに、総司令部案では国務大臣の任命に国会の同意を必要としていた。

しかしそれにしても、民政局のスタッフは国会に関して文字通りの最高性を考えていたのではない。「国権の最高機関」という文言は、ソ連憲法の最高ソヴィエトに関する規定がモデルとされたが、それと同じものとして考えられたのではない。実質的に参考とされたのは、前述のようにイギリスの議会の在り方であった。また、総司令部案では一院制が採用されていた。それは、一院制のほうが国民の代表の意思がより迅速に強く発揮されると考えられたからである。日本側は二院制を好むと予想されたが、取引材料とする意味でも一院制とされた。SWNCC228は国民の意思を強調し、（a）項一節にあるように選挙民（electorate）を重視している。選挙民とは、選挙権を有する国民の集合体のことである。それが国家の原動力であり、それに代わって現実の働きをするのが国会であるというのが、総司令部案における発想であった。すなわち、国会が「国権の最高機関」というのは、国会が国民の意思に基づき、それに応えるということを端的に示す表現なのである。

次に、内閣に関して検討を行う。日本国憲法第六六条によれば、内閣は「内閣総理大臣及びその他の国務大臣」から成る合議体であって、その存在は議会の信任に基づいている。アメリカ大統領の場合、一人で行政権を有するが、内閣が行政権を有するとはどういうことか。すなわち、合議体たる内閣において総理大臣と他の国務大臣との関係をどうするかが、総司令部案起草の小委員会の段階で争われた。総理大臣をひときわ高い地位につけることに異論はなかったが、どの程度高い存在とするかについては争いがあった。それについては、議院内閣制をとりつつも総理大臣に大統領的性格を帯びさせるのがよいとする意見があったが、同じ合議体の構成員という基本的性格に影響を与えるべきではないとして反対された。結局、イギリスにおける総理大臣の現在の在り方が参考とされて、現行のようになった。

国家機関はまず権力を分けることが要求される。しかしそれだけではよくない。分立しつつも、その中に結びつき、つまり統合(integration)がなければならない。内閣の構成員が全て同等であれば、対立が収まらないであろう。内閣において総理大臣と他の国務大臣に差がつけられ、人事権を握る総理大臣の指導の下に統合がなされる。国会が二院制をとりつつも衆議院が優越するように、内閣においては総理大臣が優越するのである。日本国憲法第六六条が、内閣の首長たる内閣総理大臣とその他の国務大臣を別しているのは、そのためである。

しかしその一方で、総司令部案起草の段階で、内閣の国会との関係はイギリスより弱いものとされなければならないと考えられた。なんとなれば、日本において警戒すべきは行政権が強すぎるということであって、行政権はなるべく押さえ込まねばならないと考えられた。それゆえ当初、内閣が国会を解散する場合は、議会が不信任案を可決した場合のみに限定されていた。しかし総司令部案が完成に向かうにつれて、行政権が弱すぎること、また、民意から遠ざかることによって国民に責任を負わなくなる立法権もまた避けられなければならないということが考慮されて、内閣の出した信任案が否決された場合も付け加えられた。これは国会を解散にもっていくイニシアティヴが内閣にも与えられたことを意味した。だがそれでも、内閣は国会に対して、イギリスにおけるよりも弱い地位にあるというのが、民政局スタッフの判断であった。

他方、内閣と天皇の関係はどのようなものとされたか。SWNCC228の（d）項五節は「内閣は、天皇に助言を与え、天皇を補佐するものとすること」としているように、アメリカ本国政府としては天皇が国政に関する権能を形のうえではもつことを予定していた。しかし民政局スタッフは、それには問題があると考えて、天皇は内閣の助言と承認に基づいてのみ国事行為を行い、国政に関する権能を有しないとしたのである。行政権は議会に対して責任を負い、議会は国民に対して責任を負うゆえに、国民主権を強く考えるならば、天皇が国政に関与することはなくなってくるといえる。

次に司法権に関して説明がなされなければならない。アメリカ政府は当然に司法権を念頭においていたが、既に述べたようにSWNCC228ではそれについて何も述べられていない。民政局スタッフは、司法権は基本的人権の保障のためにあるゆえに強くかつ独立(strong and independent)でなければならないと考えられた。強い(strong)ということは、第一に、裁判所が民事事件と刑事事件のほかに行政事件をも裁くことを意味した。明治憲法下では裁判所は民事および刑事事件しか扱わなかった。第二に、裁判所が違憲立法審査権をもつということを意味した。また、独立である(independent)とは、第一に裁判官の身分保障であり、第二に裁判所の権限行使にあたっての独立性つまり規則制定権を意味する。

とくに違憲立法審査権について述べるならば、アメリカではそれは判例法上のものであるが、総司令部案では明文で規定された。ただし現行の規定とは異なり、総司令部案第七三条では、違憲立法審査権に関して最高裁判所の判決は人権に関する事件において最終的であるが、それ以外の事件においては国会の審査に服するものとされていた[★87]。このように、裁判に関しても国会は現行憲法よりも強い権限をもつものとされていた。それは簡単に言えば、イギリス型の行き方を念頭に置いたものであった[★88]。

以上、総司令部案において構想された統治機構（government）に関してまとめるならば、第一に責任ある政府（responsible government）であること、換言すれば国民主権であること、第二に三権分立であること、第三にイギリス型の議院内閣制であること、第四に司法権、とくに違憲立法審査権に関してはアメリカ型であること、が指摘される。民政局のスタッフは、「立法府優位のイギリスの制度と抑制均衡のアメリカの制度のいずれをとるかが話し合われ、会議の意向はイギリスの制度に傾いた」。また「アメリカ的な抑制と均衡というたて方は、修正されつつも、司法権の独立を確立するということで落着した」と述べている。正味一週間の起草作業ではあったが、彼らはよく考えて事に当たったといえる。

さて、最後に総司令部案起草の段階での成り立ちに関して扱われるのは、財政、地方自治、改正および最高法規の各章である。

財政に関して、日本の憲法学や行政法学では比較的軽く扱われている部分であるが、それは重要な問題を含んでいる。例えば、予算の増額修正はできるかという問題である。明治憲法下においては、それはできなかった。また、大陸型の憲法およびイギリス憲法においても同様である。しかし総司令部案第八〇条では、どのような項目でも国会が自由に増額修正できるものとされていた。日本がその規定を削除するよう求めたところ、総司令部側はそうしてもよいとした。ただし、予算には十分な審議が必要であるとして、現行の第八六条に「その審議を受け」という文言が入れられたのである。これは当初、国会による増額修正を含むものと受けとられていた。例えば、財政法において裁判所の予算に対して増額が認められている。しかしこれまで、国会が増額修正しようとすると、政府は予算案の決定は内閣によると答弁してきた。与野党接近下では増額修正が行われたが、政府はそれがおおっぴらになることを嫌がる。結局、日本国憲法のもとで増額修正は与野党の力関係によって決まるといえる。「マッカーサー・ノート」では、議院内閣制が採用されたことから、予算に関してもイギリスの制度に倣うこととされた。イギリスでは政府の提出する予算原案に強い力を認め、増額修正はできないとされている。しかし民政局のスタッフは、予算や税について国民の意思が反映されるよう考慮し、国会が増額修正できるものとしたのである。それはアメリカ型に近いといえる。アメリカでは、大統領が予算原案を作るための材料を出し、議会はそれをもとに原案を作成し、法律で予算を決定する。以上のようなことから、総司令部案ではイギリス的なものとアメリカ的なものが両方含まれているといえる。

次に地方自治に関して、総司令部案は現行憲法におけるよりもずっと強いものにしようとした。ラウエルらにとって奇妙な欠落と映ったことは、松本案、憲法研究会案等、日本側のどの案においても地方自治の発想がなかったということである。第一次案では、小委員会の中に、県をアメリカの州に擬えたものにしようとする者がいたが、日本はそうするにはあまりにもコンパクトな国であるので適切でないとして反対された。第一次案のでき具合はよくなかったため、ラウエルが書き直した。第二次案においても地方自治はかなり強いものとして書かれたが、県を日本国における一つのユニットとして考える必要があるとしてケイディスから修正が加えられた。総司令部案では現行憲法のように、地方公共団体という抽象的表現は用いられず、具体的に都道府県と市町村に分けられ、かつ後者がより独立的な存在とされた。

地方自治の概念には団体自治と住民自治が含まれるが、日本国憲法では後者を先に考えている。現行の第九二条における「地方自治の本旨(principle)」という文言は、法律で地方自治をいじることができるような印象を与えるが、実はそうではない。第九二条の規定は日本側の考えで入れられたものであった。総司令部側としては、それはあたりまえのことを述べており、必要ではないと考えたが、日本側の要求で入れられることになったという経緯がある。

今日、日本では、第九二条が根本原則であり、第九三条以下はそれから派生していると考える向きが多い。地方自治法は地方自治の事務等ごたごたと書き並べ、条例の余地を狭めている。そこには地方自治を育てる意識は見られない。日本側が第九二条の規定を入れるよう要求した意図は、そこにあったといえる。しかし、総司令部案第八七条における自治体の「基本法（charter）」は、現行憲法における条例（regulation）よりも自治性の強いものであった。彼らは自治の程度をアメリカにおける州の中の市の程度に考えていた。

改正に関しては、総司令部の第一次案では、制定後一〇年間、憲法の改正はできないこと、また、一〇年経過したら憲法を再検討し、それを一〇年ごとにくり返すこととされていた。それは、総司令部案を固く保持しようとの意図の現れであった。しかし運営委員会の三人は、自由でありかつ責任を有する日本国民が憲法を制定するということに鑑みて、その考え方を否定した。また、人権の章だけは改正できないようにする案も考えられたが、運営委員会の三人はそれにも反対し、マッカーサーも彼らを支持した。とはいえ、早い時期に日本が未熟なまま憲法を改正することをおそれたため、第二次案においても依然として改正手続は現行よりも厳重にされた。

第二次案では憲法改正について、国会の三分の二以上の多数による提案がなければ発議されず、国会の四分の三以上の多数の賛成がなければ承認されないとされていた。これがある程度緩和されて、総司令部案第八九条で、憲法改正は総議員の三分の二以上の賛成で国会が発議し、国民に提案して、国会の定める選挙における投票で過半数の賛成を必要とするとされたのである。これが日本政府に渡されて、現行の第九六条として成立した。日本国憲法は代表的な硬性憲法であり、世界で最も改正が困難なものの一つと言われている。

最高法規の章に関しては以下のとおりである。明治憲法においては最高の法規は存在しなかった。天皇の意思が最高とされ、それはいろいろな形で示された。つまり、明治憲法と皇室典範は対等とされ、また、軍、元老、重臣が存在し、統一的な法というものは存在しなかった。この点についてラウエルはそのペーパーにおいて、「現行制度のもとでは、憲法の枠外で組織され、いかなる意味においても国民の意思に応えることのない、多くの統治機関、政策決定機関が存在する」としている。これに対して日本国憲法の最高法規の章は、この憲法が芯柱であり、また、国民の意思を反映し国民の権利を守る法が唯一のものとして存在する、という考え方に基づいている。

アメリカ憲法の第六条二項では憲法とならんで法律、条約が最高法規とされているが[★89]、その条文は要石（keystone）、またリンチピン（linchpin）に例えられる。それは、アメリカが連邦制を採用していることに由来する。総司令部案の発想はその規定が源となっているが、アメリカ憲法とは違った意味で、つまり憲法のほかに法律と条約も厳粛であることを示すために、それらが列挙されて最高法規とされたのである[★90]。これは憲法の保障を意味する。それに従って総司令部案

第九〇条が書かれ、日本政府に渡された後、衆議院で修正をうけ、現行の第九八条として成立した。

なお、現行の第九七条は、総司令部案では第三章の第一〇条に置かれていた。日本側はそれを削除するよう申し入れたのであるが、総司令部側はそれを削除せず、最高法規の章に入れさせたのである。つまり現行の第一一条と第九七条は、総司令部案では第一〇条として一つの条文であった。現行の第九七条は、この意味が基本的人権を守るものであることを述べ、最高法規たる根拠が示されている。また、現行の第九八条一項に関しては、それを裏付けるものといえるのが、明文で規定された違憲立法審査権である。さらに、法律には国民の権利義務が定められており、それを制定するのは国民の代表であり、唯一の立法機関である国会だけであること、および、裁判所が民事および刑事事件だけでなく、行政事件を扱うこと[★91]もまた、憲法の最高法規性を裏付けるものといえる。

以上、総司令部案起草の段階で前文および各章がどのように書かれたかを、現行の日本国憲法に即して説明した。

（昭和六〇［一九八五］年一〇月二九日、一一月五日）

［★87］これはラウエルの発想によるが、それについては前例がなく、起草の段階で随分争われた。日本政府はその規定について、人権とそれ以外の事件をはっきりと分けることは困難であるので最高裁判所一本にした方がすっきりすると申し入れた。その申し入れはケイディスとハッシーによって受け入れられた。ラウエルはその時点ですでに帰国しており、日本にはいなかった。ただ、もしその規定がそのまま残されていたならば、最高機関たる国会が人権とそれ以外の事件の区別を決定することになったであろう。またその結果、統治行為の問題は生じなかったであろう。（昭和六〇［一九八五］年一一月五日大学院）

［★88］イギリスでは貴族院が最高裁判所の役割を果たす（編者註――二〇〇九年より連合王国最高裁判所がこれに代わった）。また、イギリスには成文の憲法典はなく、いわゆる違憲判決も存在しない。議会の法律や裁判所の判例の根幹的なものが憲法である。貴族院が法律を判断する場合、それは国家権力の抑制、国民の利益の擁護のために行われる。貴族院がある法律を違憲とするのは、より高次の根本的な法が存在すると考えられているからである。この意味で実質的な憲法審査が行われている。マグナ・カルタ以来、イギリスでは、治められる者の権利を守る働きをするのが法であり、また法は治められる者の意思に基づくという考え方が存在する。ラウエルがイギリスに注目したのは、国会を最高機関とする発想が一方的にあったからであり、そのため国会によるところの、人権以外の事件における法律の見直しという行き方が考えられたのである。（昭和六〇［一九八五］年一一月五日大学院）

［★89］アメリカ憲法の同規定では“the supreme law of the land”という表現が用いられている。“law of the land"という語はイギリス法に由来し、それはコモン・ローを意味した。コモン・ローとは、ノルマン・コンクウェストによって統一されたイングランドにおいて、慣習法を下地としてそこに合理性が加えられて発展した判例法である。なお、日本国憲法第九八条の英文では、"the supreme law of the nation"という表現になっている。(昭和五九[一九八四]年一〇月二二日大学院)

[★90] 前掲の註88を参照。

[★91] ただし、行政機関は、終審としてでなければ裁判を行うことができる。それは総司令部案では第六八条、日本国憲法では第七六条に規定されている。通常裁判所における現代の裁判は、時間と金がかかる。この規定に基づいて行政機関がもう少し裁判を行うようにすれば、その点を是正できる。総司令部案ではそこまで考えられていたのである。(昭和五九[一九八四]年一〇月一七日大学院)

22　日本政府に対する総司令部案の提示

総司令部案が日本政府に提示(present ないし offer)されたのは、一九四六年二月一三日のことであった。総司令部側と日本政府は、当初二月一二日に会談を行うことになっていたが、総司令部案の起草が遅れたため、一三日とされた。

一方、松本案は一般説明書および軍に関する説明書とともにそれらを英訳したものが、二月八日にすでに総司令部に提出されていた。この提出は総司令部からの度重なる催促の結果であった。彼らはそれをポツダム宣言とSWNCC228に照らし分析した。

総司令部が日本側と会談を行う際、あちらから呼びつけるのが普通であった。しかし二月一三日には、彼らの方から麻布の外務大臣邸に赴き、そこで会談が行われた。目立たないところがよいという気持もあってその場所が選ばれたのである。その日は晴天の寒い一日であったが、午前一〇時、ホイットニー民政局長、ケイディス次長、ラウエルおよびハッシー両課長がやってきた。日本側は、松本烝治大臣、吉田茂外務大臣のほかに、吉田の側近である白洲次郎と、外交官であり英米法の研究者でもあった長谷川元吉が出席した。双方は向かい合って着席した。

この日の会談は日本国憲法の制定過程において、現象的にピークを成すものであった。というのは、総司令部案がほとんどそのまま、実定の日本国憲法となったからである。一方、いわゆるおしつけ憲法論の最大の根拠は、この日の会談における総司令部側の言動にあるとされた。この日の会談を日本側では松本大臣と白洲が記録した。また総司令部側では、ホイットニーが記録したものの他、ケイディス、ラウエル、ハッシーの三人が会談から帰ってすぐにメモを結び合わせて記録したものがある。双方の側の記録はだいたいあっているが、別に述べるとおり、二点だけ大きな相違がある。双方の側の記録をよくみてこの日の会談が受けとめられなければならない。それらの記録のうち最も客観性があると思われるのは、三人のメモをつき合わせた記録である。

この日の会談において総司令部側を代表して話したのは、ホイットニーであった。彼はまず冒頭で口を開くなり、日本政府の提出した案は承認することの全くできない案であると述べた。松本案について話し合いがなされると考えていた日本側は、これを聞いてびっくりし、茫然とした。日本側にとってはまさに青天の霹靂であった。日本側は何か言おうとしたが、ホイットニーは表情で日本側の発言をぐっと押さえ込んで、松本案についての議論を押しとどめる態度をとった。次いで彼は、我々はあなたがたに案を準備してきたのでそれを読んでもらって話し合うことにする、と告げた。日本側は松本案が落第とされたうえに、総司令部案が出されたのをみて、さらにびっくりした[★92]。彼らにとっては驚天動地であった。民政局の四人が庭に出て待っている間、日本側は総司令部案に目を通した。その内容は、それが国民の制定する憲法であること、天皇が象徴であること、また戦争放棄等、日本側が全く考えていなかったことであった。三〇分後の午前一〇時四〇分、彼らは庭から戻ってきた。ホイットニーは、総司令部案についてよくわかるように一言一言ゆっくりと話すこと、それでもわからないことがあったら話の途中でも尋ねてほしいことを断って、説明を始めた。松本大臣が、この案の説明書のようなものはないかと尋ねたところ、ホイットニーは、この案はその文言において意味が明瞭で誤解のおそれのないわかりやすいものであると答えた。重苦しい空気の中で会談は続けられた。

ホイットニーはまず、なぜこの案を日本政府に提示するのかを話した。彼は、日本国民が憲法改正を達成できるようにするためであるという一般的理由の他に、次の三つの具体的理由を挙げた。第一点として彼は次のように述べた。「天皇を戦争犯罪人として取り調べるという他国からの圧力があって、それは次第に強くなりつつあるが、最高司令官はこの圧力から天皇を守ろうと決意している。しかし、最高司令官といえども万能ではない。けれども最高司令官は、この新しい案が受け入れられるならば、実際問題として天皇は安泰になると考えている」。また、第二点として、この案を受け入れることによって日本が連合国の管理から自由になる日がずっと早くなり、また、連合国が要求しうる基本的自由がこの案によって日本国民に与えられる、ということが述べられた。第三点として、この案は敗戦国である日本に世界の他の国々に対して恒久的平和に進むについての精神的リーダーシップをとる機会を提供するものである、ということが述べられた。ホイットニーはこれら三点を原理としてではなく、リアルなものとして述べている。しかしその背後には、ポツダム宣言の要求があることは言うまでもない。

彼はまた、以下のように話を続けた。すなわち、この案を受け入れるよう日本側に考慮を求めるが、それは要求(require)しているのではなく、勧告(recommend)するものとして言っている。また、日本側が望むならば、この案を最高司令官の完全な支持を受けた案として国民に示してもよい。この案は日本国民の前に明らかにされるべきであり、日本政府の案として出さないのであれば、総司令部が自ら日本国民の前にこの案を明らかにし、松本案と総司令部案のどちらを望むか日本国民の選択を待つことにする[★93]。日本は今、総選挙体制にあって憲法が最大の争点となっているので、この案が早く日本国民に示されるべきである。また、この案で定められていることは、ポツダム宣言の条項の実施の基礎となるものである。しかし、この案をそのまま受け入れなさいと言っているのではない。肝腎なのはこの案に示されている原則(principle)であって、それらが憲法においてどのように具体的に表れるかを、この案は示している。それゆえ、この案の基本型(basic form)を変えてはならないが、それ以外では喜んで日本側の申し出に応じたい。この憲法の問題は他の全ての問題に先んじて取り上げられなければならない。

以上の全てのことは、当日午前一〇時四〇分から一一時一〇分までの三〇分間に話された。日本側は、事はあまりにも重大であり、ここでは何ともお答えできないので首相と他の閣僚にも諮《はか》ってお答えしたい、と返答し、また、その日のことは秘密にしておくよう申し入れた。

ホイットニーらの態度は礼儀正しくはあったが、厳然として親しみを表さなかった。これに対して日本側は、彼らがとりつく島がないほどつんとしている印象を受けた。彼らは日本側に総司令部案を受け入れさせようと心理的圧迫感を加えようとする態度をとった。例えば、彼らが会談の途中に三〇分間庭にいたことをホイットニーは、戸外で原子力の起こす暖を楽しんだ、と語った。原子力という言葉は直ちに日本人に原爆を思い起こさせるものであり、日本側に心理的矢を一発放つべく話されたものであった。また、この会談の最中、その家の上をB29が低く飛んで行った。このことを彼らは、計画してもこのようにうまくいくものではないと述べている。以上のように、彼らは総司令部案を日本側に要求としてではなく、提示するものとして渡したのであるが、その一方で、この案を絶対に受け入れさせようという気持があったことは確かである。

この会談に関して双方が伝えるところには、二点の大きな相違がある。第一の相違点は、松本大臣が日記につけたところによれば、総司令部側は日本政府がこの案を受け入れるのでなければ直ちに天皇の身体は保障できないと言った、としているのに対し、総司令部側はそれを否定しているということである。松本大臣はこの日の日記をもとにして、閣議報告や親しい人との座談会において説明を行った。また、日本の独立後、一九五二年、自由党において憲法の問題が大きく取り上げられた際、その会合で松本元大臣は、総司令部側との会談において、その案を受け入れるのでなければ天皇の身体は保障できないと言われた、と述べた。その後の質疑応答である人が、それをどのような意味にとったか、と松本元大臣に尋ねた。松本元大臣は、その日の会談において天皇の戦犯問題が大きく出され、総司令部案をのめば天皇を戦争裁判に出さない、しかしのまなければ出すという意味であると思った、と答えた。それを聞いた人々は、天皇と総司令部案が取引材料にされたと考え、これはひどい、脅迫であると感じた。これをきっかけとして、いわゆる押しつけ憲法論が盛り上がり[★94]、憲法を改正すべきかどうかという議論が湧き起こった。その結果、この問題の真相を明らかにするようにとの求めがなされて、一九五六年から翌年にかけて内閣に憲法調査会が設置され、そのいきさつが明らかにされるようになった。

憲法調査会会長の高柳賢三氏は、吉田茂元首相に直接会って松本元大臣の発言について尋ねたところ、吉田元首相はそういうことを言われた憶えはないと答えている。また、白洲、長谷川両氏には私(大友)が会って尋ねたが、彼らも、そのようなことを言われたら記憶に残っているはずだが、そういう記憶はないと答えている。さらに、高柳会長や私がアメリカに派遣され、ホイットニーから話を聞いた。彼はケイディス、ラウエル、ハッシーの三人による会談の記録を日本に送ってくれた人物である。彼は前述の松本発言を聞いて憤慨し、事は逆であると語った。彼がその日の会談で天皇に関して述べたことは警告として言ったのであり、脅迫ではないとした。彼によれば、天皇が戦犯になる事態を避けようと配慮したのであり、明治憲法的な天皇ではなく、思い切った変革を図って総司令部案におけるような天皇とされれば天皇を戦犯とする要求はぐんと弱まり、天皇の安泰につながる、という意味であった[★95]。ラウエルとハッシーも、ホイットニーが松本発言のように話したということはなかったと証言している。

ホイットニーが我々に語ったことが彼の自己弁護ではないか、という疑いは一応ある。しかし前後の事情をみるならば、彼らが天皇制を廃止しないで維持しようと努めたこと、また、天皇を傷つけまいと動いたことは確かである。例えば、後に述べるとおり、一九四六年二月一五日のいわゆる白洲レターに対する返書の中でホイットニーは、天皇の一身についても天皇家についてもこれを尊厳と栄誉と尊敬を伴う地位に留めておこうとしている、と書いている。また彼は、二月一九日の最高司令官のための覚書においても、総司令部案が天皇の一身を護り、修正された形で天皇制を護らしめるものである、と書いている。

以上のような調査の結果、松本大臣の聞き方がオーバーであったという結論に達し、総司令部の脅迫という受けとり方は急速になくなっていった。そのため、押しつけ憲法論はその最大の根拠とされるものが事実ではないことが判明することにより、次第に沈静化したのである。

次に、二月一三日の会談において双方の言い分が食い違う第二の点は、別に述べるとおり、松本大臣が二月一九日に再説明書を白洲氏にもって行かせたところ、総司令部から四八時間以内に総司令部案を受け入れるかどうか言われたことのみを語っている点である。しかしホイットニーは二月一三日の時点ですでに、総司令部案を受け入れるよう言っており、二月一九日に初めて言ったのではなかった。松本大臣が言うように、二月一九日の時点で突然、四八時間以内と通告されれば、非常に厳しく思われる。これは押しつけ憲法論を一層高まらせた。しかし、事実はそうではなかったのである。

（昭和六〇［一九八五］年一一月五日、一二日）

註

［★92］ホイットニーらは松本案が承認できない理由については何ら言及しなかったが、そうすべきであったと思われる。また、総司令部案の提示についても、それが最初から考えられたのではなかったことが日本側に説明されても良かったのではないかと思われる。それらの点について何も説明されなかったため、日本側はこちらの言い分を聞いてもらえないとか、総司令部は最初から自らの案を作っていたのではないかという印象を持ってしまった。（昭和五九［一九八四］年一〇月三〇日大学院）

［★93］既に述べたように、極東委員会が活動を始める前に出し抜くことは、マッカーサーの体を張った冒険であった。そのため、ホイットニーらが総司令部案を日本政府に受け入れさせることは絶対に必要であった。彼らは威をもって迫るという気持ちで何とか総司令部案を日本政府にのませようとした。もし日本政府がこれを拒否していたら、マッカーサーが自ら総司令部案を日本国民の前に明らかにす

ることは実際問題としてできなかったであろう。それにもかかわらずそうしていたならば、極東委員会を出し抜く意図がばれてしまい、事態は収拾できなくなったであろう。(昭和五三［一九七八］年度学部)

［★94］一般に押しつけ憲法論の根拠には三通りある。第一は、日本が占領下に置かれて自由に意見が言えない状態で、占領軍の力を背景にして憲法改正がなされた、とする議論である。第二は、それだけでなく原案が総司令部から出されて、日本政府としてはそれを受け入れざるをえなくさせられ、日本国憲法の制定を急がされた、とする議論である。第三は、松本大臣が主張したように、総司令部案をのまなければ天皇の一身は保障されないとして脅迫がなされた、とする議論である。

第三の議論は憲法調査会の調査によって誤りであることが判明した。第一の議論については、日本が占領の下に置かれることはポツダム宣言からあまりにも明瞭であったことが指摘される。ただ国家改造のための占領であったことがよく理解されていなかった。第二の議論については、次の二点が指摘される。一点目は、松本案がポツダム宣言の要求からあまりに遠く離れていたということであり、この点は今日でもあまりよく理解されていない。二点目は、極東委員会の動きにみられる連合国側の情勢であり、ソ連、オーストラリア等が天皇に反感をもっていたということである。これは天皇に対する警戒信号であったため、後に日本側でもよく理解された。

ところで、憲法調査会の末期において中曽根康弘委員は、押しつけ憲法論を第一と第二の根拠にしぼって主張し、その旨の共同意見書を提出している。今日の憲法改正論者の主張は、日本の伝統的な在り方を変えるとは何事かというものであり、ポツダム宣言そのものに疑問を呈している。これについては結局、価値観の問題であるといえる。しかし、歴史的動向は明治憲法的な在り方を否定している。日本国憲法の制定は国際的視野から考案されなければならない。そこには確かに現実政治

(Real politic) の側面があることは否定できない。水を含んだどろどろした土に花が咲くのと同じように、日本国憲法の美しい文章の下には現実政治が横たわっている。

第二次大戦は日本等の国家改造のためにのみ戦われたのではない。また総司令部案の提示も日本のためばかりでなく、アメリカのためでもあった。しかし、ぎりぎりのところでは、日本国憲法にみられる基本的人権、平和主義は肯定されるべきである。それは急いで起草されたため、確かに細かい点で正されるべきところはある。しかし日本国民は、まず日本国憲法をよく消化すべきである。そうすれば、外からのものではなく日本の中からのものが本当に出てくるのではなかろうか。自分の国の憲法を自ら作れなかったことが情けないことであったのは事実である。しかし、だからといって相手がけしからんというのではなく、そういうことの反省として日本国憲法を理解すべきである。(昭和六〇[一九八五]年一一月二六日大学院)

[★95] また、松本大臣の日記では天皇について身体(person)という言葉がホイットニーによって使われたとされているが、ホイットニーはそのようなことはなかったと否定している。しかし多分、天皇について身体という言葉は使われたであろうと思われる。(昭和六〇[一九八五]年一一月一二日大学院)

23……総司令部案に対する日本政府の対応

一九四六年二月一三日における総司令部側との会談のあと、日本側において総司令部案は幣原首相と松本、吉田両大臣の三人だけの間のこととされた。彼らは、これはたいへんなことになったと感じた。松本大臣は、総司令部の人間には松本案がよくわかっていないように思われるので再度説明書を書いて提出し、考え直してもらうようにしたい、と申し出た。彼には、軍人には憲法がよくわかっていないという意識があった。松本案で提出した際の説明書は内容に関するものであったが、今回はその内容の趣旨に関する説明書であった。しかしこれは、一両日でできるものではなく、また英訳される必要があったので、二月一五日、まず白洲レターと呼ばれる手紙がホイットニー宛てに出された。

白洲次郎は、ケンブリッジ大学の出で終戦連絡事務局次長を務め、吉田外相の側近であった。白洲レターの言わんとするところは、二月一八日に提出されることになった松本案の再説明書と同様であった。この手紙は白洲氏一人によるものではなく、松本、吉田両大臣と相談して書かれたものであると推定される。それは以下のような内容であった。

すなわち、あなた方総司令部の目指す目的は松本案の目的とその精神において同じであるが、その目的に到達する行き方が非常に異なる。あなた方総司令部の行き方は目的地にまっすぐ行くというものであり、たとえるとエアー・ウェイである。しかし松本案は、まわり道をして時間のかかる行き方であり、たとえるとジープ・ウェイである。日本の道路は悪いので、まっすぐ行くよりまわり道をした方がよい。日本の実情からしてまっすぐ行くのは急進的である。総司令部案ではワイマール共和国におけるような反動が起こることを我々は恐れる。それに対して我々の行き方は漸進的である。松本案は憲法改正の発議を議会も行うことができるようにしてあり、これによって段階的に進むことができる。以上のようにして、白洲レターは松本案について再考するよう求めたのであった。

ところで、この白洲レターを含め、二月一日の毎日新聞のスクープの後における松本案拒否の決定、二月三日の総司令部案起草の決定、また、二月一三日の会談から三月六日の憲法改正草案要綱の発表までのことは、いわばトンネルの中でのできごとであった。一握りの人間しか知らず、外からはわからなかった。とくに二月一三日から一九日のことは、一般には全く知られていなかった。

さて、二月一五日の白洲レターに対し、翌一六日、ホイットニーから返事が届いた。その内容は以下のとおりであった。すなわち、我々は、日本側の方で総司令部案の目的としていることについて賛成している、と聞いて嬉しく思う。けれども、その行き方が我々の案のようではよくない、という生ぬるい態度ではいけないと思う。総司令部案では日本の実情とあまりにもかけ離れていて現実感がわいてこないと懸念される、とあなた方言うが、この案をあなた方の案として受けとめて、最高司令官が完全に支持するものとして発表すれば、日本国民は懸念なくこれを受けとめるであろう。野党から、これは政府の案ではないとしてたたかれるおそれはない。今は総選挙体制に入っており、早く憲法改正案が示される必要がある。ただし、日本側に総司令部案そのまま採用せよ、と言っているのではなく、基本原則 (fundamental principles) や基本型 (basic form) が傷つけられるのでなければ修正してもよい。この案は天皇を護るためのものであり、また、基本的人権を日本国民に与えるものである。さらに、日本の憲法の改革は日本国民だけの関心にとどまるものではなく、また、日本国民と最高司令官の間の関心にとどまるものでもない。世界の世論が十分に満足されなければならず、連合国の要求に応えるものでなければならない。それゆえ、日本政府がこの問題に思い切った解決を与えるか、あるいは、最高司令官が自ら措置ととらない限り、外部から他の憲法が押付けられる可能性が非常にある。あなた方は総司令部案をあまりに急進的であるというが、その場合にはこの程度にとどまらず、日本の伝統的な在り方を洗い流してしまうようなものとなろう。天皇の制度は消え去ることになるかもしれない。時間の要素がいかに大切かは、いくら強調してもしすぎることはない。ぐずぐずしていることはもう許されない。

以上のように、ホイットニーからの返書は日本に対して極東委員会から厳しい案を押付けられる可能性があるゆえに、日本が自国の考えだけで切り抜けていこうと考えるべきではなく、連合国の要求に沿う案を作ることが必要であり、そのために総司令部案がモデルとして提示されたのである、ということが指摘されている。

二月一八日、松本大臣の再説明書が白洲氏によって総司令部にもって行かれた。ホイットニーは彼にその中を開けて読ませた。次いでホイットニーは、松本案はすでに承認できないと決定されたのであり、再説明書を読む余地は全くない、と語った。さらに彼は、我々の案を受け入れるのか受け入れないのか、四八時間以内に回答するように言い渡し、もし受け入れないならば最高司令官が日本国民の前にそれを発表することにする、と告げた。

なお、この再説明書は松本案の内容を知るのによいものであり、主要な点が二つあった。第一点は以下のようなことであった。すなわち、そもそも憲法というのは、同じ民主主義の憲法であっても国によって異なる。例えば、イギリスにおいてもアメリカにおいても民主主義的な憲法であるが、両者は随分異なる。それは両国の歴史、国民感情の違いからきている。このように憲法は、その国の実情に根ざすものでなければならない。ヨーロッパから日本にバラの苗を植え、花を咲かせたとしても、フランスにおけるような香りはでてこない。各国に共通する正義の観念、法の観念が存在することは認めるべきだが、それでも国による違いは大きい。以上のようにして松本大臣は、総司令部案のように他国からある制度を輸入することは必ずしも成功を収めるとは限らない、と主張したのである。

次に、再説明書における主要点の第二点は以下のようなことであった。すなわち、松本案は形のうえからだけみると、分量は少ないし、微温的にみえるかもしれない。しかし実質においては、イギリス式の方向に相当大幅に歩みを進めたものに他ならない。ある程度は革命的とさえいえると思う。なんとなれば、松本案は明治憲法の改正手続を改め、議会にもそのイニシアティヴを認めた。それによってだんだんと、ステップ・バイ・ステップで、そのときの状況やニーズに応じた改正が積み重ねられる。その結果、やがては主権が国民にあるとも言うべき実情に到達できる。だから松本案を土台とすべきである。このように再説明書は主張した。

以上の二点から明らかなように、松本大臣はその再説明書において、総司令部案ではなく松本案を土台にして事を進めるよう主張したのである。しかしながら、松本大臣のこのような考え方は、ポツダム宣言の要求を見据えたものではなかった。彼には、同宣言が国民主権への切り換えを求めていることがわかっていなかった。というのは、彼は憲法の積み重ねによってやがては主権が国民にあるともいうべき実情に到達できると述べているように、今すぐ国民主権にするとは言っていない。また彼は、イギリスをめざすとも言っている。イギリスにおいては、主権はキング・イン・パーラメントにあるとされるが、それは実質的には国民主権を意味する。しかしこのようになったのは、今から約三〇〇年前の話である。すなわち、名誉革命〔一六八八〜八九年〕により「権利章典」が成立し、また王位継承法〔一七〇一年〕により議会の決定に基づく国王が生まれたのである。いうなれば、松本大臣は三〇〇年前のイギリスのような状態に、やがて到達すると主張したのである。

松本大臣はどのような気持ちでこのような再説明書を書いたのか。彼は二月一三日にホイットニーらと会談して、彼らがどうも憲法のことをあまり知らないようだから、少し教えてやった方がよいのではないか、と思い、詳しく説明書を書くことにしたのである。それに対してホイットニーはこれを見て、浅薄な議論に基づいてわかりきったことを言っているにすぎない、要するに我々を松本案の議論に引き込もうとしている、と感じた。松本大臣は既に述べたとおり、東京大学教授を勤め、弁護士でもあった。しかし一方、ホイットニーらもアメリカのロースクールを出た弁護士だったのである。

二月一九日、日本政府において閣議が開かれた。そこでのことについては、芦田均と入江俊郎の両氏がそれぞれ簡単な要点筆記を行っている。この閣議において初めて松本大臣から、二月一三日における松本案拒否と総司令部案提示、また、松本案を再考してもらいたく再説明書を二月一八日に提出したところ、松本案の拒否に変わりはなく、総司令部案を受け入れるかどうか四八時間以内に回答せよと言い渡されたことが、報告された。ただし、二月一五日の白洲レターと一六日のホイットニーの返書に関しては、とくに後者は注意すべきものであったにもかかわらず、報告されなかった。

松本大臣の報告を聞いた他の大臣たちは驚いた。なぜ今まで黙って事を進めたのか、このような重大な問題に対しては各大臣の意見を発表する機会が十分に与えられるべきであるのに何事であるか、と安部能成文部大臣は発言している。この時点において、大臣たちに総司令部案は渡されておらず、松本大臣の口頭の説明によらざるをえなかった。しかも、四八時間以内に回答しなければならないことになっていた。総司令部案の内容について少なくとも半数の大臣たちは、そそれを受け入れられないとした。総司令部案と松本案には本質的違いがあるといった大臣もいた。しかし芦田氏ら三、四人の大臣は、両案は全く立場を異にしてはおらず、近いところもあると感じ、総司令部案を受け入れることを考えられなくはない、と言った。とくに芦田大臣は、両案には形にみるほど大きな懸隔があるとは思われないから、総司令部案に正面から反対する必要はない、と考えた。

結局、その日の閣議の結論としては、幣原首相がマッカーサーに会って、総司令部の考えを詰めて聞いてくることになった。しかしこの時点で残された時間はもう二四時間ほどしかなく、そのため、もう四八時間の猶予を与えるよう総司令部に理解を求めた。総司令部側としては、案が理解されるためにはそうしてもよいだろうと考え、その申し入れを認めた。また、幣原首相とマッカーサーとの会見の申し入れも認められ、それは二月二一日に予定された。

ところが、総司令部側は二月一三日に、憲法の問題が他の全ての問題に先んじて取り上げられなければならないと言っている。また、二月一六日にはホイットニーが、時間がとても大切であると述べた。さらに二月一八日、ホイットニーは四八時間以内の回答を要求したのである。このような経過に対し、松本大臣は二月一九日の閣議で、二月一六日におけるホイットニーの返書の件を話さなかった。また、総司令部案が日本政府に受け入れられなければ同案を国民の前に発表するとされたことに対し、松本大臣は二月一八日に初めてそう言われ、四八時間以内の回答を要求されたとした。しかし実際には、それは二月一三日と一六日にも言われたことであった。もし現実に総司令部案が国民の前に発表されていたら、幣原内閣は倒壊していたであろう。

二月二一日、幣原首相はマッカーサーと会談した。彼らはそれまでに何度もあっていた。例えば、一月二四日の会談では両者は戦争放棄の問題について話し合い、心のふれあいを感じるまでに至っていた。また、幣原首相は英語が堪能であり、意思の疎通が容易であった。そのようなわけでこの日の会談はそれほどあらたまった感じのものではなかった。それまでのホイットニーらの言い方は何となく婉曲的であり、漠然としていた。しかし芦田大臣が二月二二日の閣議における幣原首相の報告に基づいてとったメモによると、マッカーサーは首相にずばりとはっきり語っている。

マッカーサーは次のように述べた。すなわち、自分は日本のために誠心誠意考えている。天皇にお会いして以来、天皇を安泰にしたいと念じている。しかしそのためには、天皇の在り方を変えることが必要である。天皇の戦争責任を追求しようとする極東委員会の討議の内容は、日本にとって不快なものである。自分もまたいつまで最高司令官の地位にとどまりうるやわからない。ソ連、オーストラリア等の国々は日本の復讐戦を恐れて、それを防止しようとしている。総司令部案の眼目は、天皇を象徴とする第一条と戦争放棄条項である。前者は天皇の存続を定めており、また、後者によって日本は国際社会において恒久平和をめざすうえでモラル・リーダーシップをとることになる。仮に松本案のように軍の規定を置くと、世界は日本の真意を疑うだろう。日本は自国のことだけでなく、諸外国のリアクションに注意しなければならない。つまり、日本の憲法の改正は諸外国に認められるようなものでなければならない。

以上、マッカーサーが述べたように、問題の核心は天皇と戦争放棄であり、それは連合国その他の国の気持ちに応えるためであった。これに対し、幣原首相は、趣旨において松本案と総司令部案に相違はない、私も総司令部案をよくみてみたい、そして互いが案をよくみたうえで歩み寄ってまとめることとしたい、と述べた。この会談は、ホイットニーと松本との間で互いによく話を合わせることにしようということで終わった。

(昭和六〇[一九八五]年一一月一二日、二六日)

24 総司令部案の受け入れの決定とそれに基づく憲法改正案の作成および発表

一九四六年二月二二日、朝早くから閣議が開かれ、幣原首相のマッカーサーとの会談について報告がなされた。次いで総司令部案を受け入れるべきかどうかに関して話し合われたが、閣議の大勢は五分五分であった。そこでは、総司令部案と松本案は本質的に違うと主張する大臣もかなりいた。例えば、安部文部大臣は、両案はその趣旨において相違ないというが、総司令部案の第一条は松本案とは違うではないか、と反論している。しかし、ではいざどうするかという段になると、総司令部案の第一条と戦争放棄条項は重大な問題ではあるが、同案に沿って考えてゆく他ないだろう、ということになった。もしこの案を受け入れるのでなければ、もっと大きなもの(天皇の制度の存続をさすと思われる)を失うおそれがある、と芦田大臣は記録している。その結果、閣議の結論としては、総司令部案を基礎としつつも、できるだけ日本側の考えを織り込んだ案を作ることに方向が決まった[★96]。このようにして二月二二日午前の閣議は、基本的に総司令部案を受け入れるということを方向として決定したのである。

二月二二日午後、幣原首相はそのことを天皇に報告した。天皇は、この時初めて二月一三日以来のことを聞かされた。天皇は、いたしかたあるまいと答えた。その時点ではまだ明治憲法下にあり、憲法改正に関する決定は天皇によってなされるべきであった。しかしこの場合、幣原首相は内閣を代表して、いかがいたしましょうかという態度を意識的にとらなかった。彼は、閣議としてこう決めましたと報告し、それに対して天皇は、いたしかたないと答えたのである。

また、同じく二月二二日の午後、松本、吉田両大臣は総司令部を訪れ、ホイットニーらと一時間四〇分にわたって会談した。閣議としては総司令部案を基本とする方向を決めたが、できるだけ日本側の考えを折り込みたいとの意図から、どこまでそうできるか彼らは感触をつかみに行ったのである。ところが松本大臣は、総司令部案が日本にあうかどうか核心がもてないので松本案を土台にした方がいいのではないか、と再び主張して頑張り、松本案を基礎に改正を行う最後の努力を試みた。これに対して総司令部側は、明治憲法を土台とすることも考えたが、それは不可能であることがわかったと答えた。また、松本大臣は、明治憲法の改正は天皇の行為としてなされるが、総司令部案の前文には日本国民がこの憲法を定めるとされている点を挙げて、法技術的に言って明治憲法と総司令部案の間につながりのないことを指摘した。しかし総司令部側は、実現さるべきは国民主権であること、天皇が決定する力をもっているのであれば総司令部案のような行き方を採ることを天皇の意思として行えば済むことを述べた。

さらに松本大臣は、総司令部案のうちどれが変えることができ、どれが変えることができない点かを条文で示すよう求めた。しかし総司令部側は、この案は全体が一体を成す基本的なものであると答える一方、日本の実情に合わない点があれば変えてもよいとした。松本大臣はこれを聞いて、些細な点以外の修正を許さないものと受け取った。その他にも松本大臣は、国会の一院制を二院制にすることができるか尋ねたところ、それは聞き入れられた。しかし戦争放棄条項に「宣言する」という文言を加えることを松本大臣が求めたところ[★97]、総司令部側は、それではその規定が日本の国策の宣言たる性格にとどまるとして認めなかった。彼らは戦争放棄条項を単なる宣言としてではなく、法的性格をもつものとして打ち出そうとしたのである。こうして結局、松本大臣がこうしたいと思うことは、ほとんど総司令部に受け入れられなかった。

最後に、松本大臣は、我々は帰ったならば幣原首相に報告し、また、自分としては総司令部案を基礎とする憲法改正案の作業に着手する、と言って帰って行った。この会談において松本大臣がおおかた一人で話し、吉田大臣はほとんど黙っていた。総司令部との先の約束により、この日、二月二二日のうちに総司令部案を受け入れるかどうか日本側が回答することになっていたが、松本大臣の最後の言葉によってその回答がなされたといえる。総司令部側はその作業は急がなければならないと促した。また彼らは、テクニカルな面でスタッフが必要ならばこちらから貸してもよいと申し出たが、日本側は断った。

二月二五日、閣議において二月二二日の総司令部側との会談について報告された後、総司令部案の第一章と第二章の訳文が配られた。松本大臣は、同案第一章と第二章をもとに彼の案を作っていた。またこの日、総選挙を三月三一日から四月一〇日に延ばすことが決められた。

二月二六日、閣議において総司令部案の全体の訳文が配られた。これは文語体の外務省仮訳であって、少数の者が極秘のうちに行った。ただし、これには誤訳もあり、正確とはいえなかった。しかしそれにしても、二月一九日における総司令部案についての口頭の説明、同月二六日における同案全体の訳文の配布というのは、いかにもスローな作業であったといえる。なお同案の訳文は、閣議の終わるたびに回収された。また、同日、松本大臣は、内閣法制局第一部長の佐藤達男（後の人事院総裁）に作業を手伝ってもらいたいとして、閣議で了承された。その結果、松本大臣が総司令部案の第一、二、五章を扱い、他の章は佐藤氏が扱うこととなった。そのほかに入江俊郎法制局次長（後の最高裁判所判事）にも随時、相談に入ってもらうことになった。この二人は当時、憲法に関する最も優れた人々の中に数えられていた。佐藤氏は総司令部案を見たとき、エキゾティックな感じがしたと言っている。当時の法制局の人間にはそう思われたのであろう。

ところで日本側は、三月一一日に案を総司令部に提出する予定であった。しかし総司令部からもっと急ぐよう言われたため、三月四日に閣議に付さない松本大臣限りのものとして案を出すことにした。その案は三月二日に完成したので、三月二日案と呼ばれる。その案とはいかなるものであったか。先の閣議決定では、総司令部案を基礎にできる限り日本側の意見を折り込むことになっていた。しかし、この三月二日案は閣議にまだ諮られていなかったので、日本政府の意見というよりむしろ、実際には松本大臣の意見を折り込んだものといえる。換言すれば、彼は総司令部案に極力、松本案を折り込もうとしたのである。ただ松本大臣としては、三月二日案において、言いたいことを随分遠慮したと述べている。

三月四日朝、松本大臣は佐藤達男氏の他に白洲次郎氏と長谷川元吉氏を同伴して総司令部を訪ねた。そこでは三月二日案についてやりとりがなされた。まず総司令部側は、その案に総司令部案の前文が入っていないことを問いただした。それに対して松本大臣は、総司令部案前文には日本国民がこの憲法を定めると書かれているが、憲法の制定は天皇の行為としてなされることになっているので両者はつながらないため、前文を落とした、と答えた。この点はすでに二月二二日に松本大臣が総司令部との話し合いにおいて述べたポイントの一つであった。彼は三月二日案において、そのときの総司令部側の指示に従わなかったのである。そこでケイディスは、総司令部案の前文の訳文をそのまま使うよう指示した。

次いで総司令部側は、三月二日案の第一章から第一〇章を早速、英文に翻訳させ、松本大臣と検討に入った。白洲、長谷川両氏も彼らに応対してある程度の説明を行った。三月二日案には、あちこちに松本大臣の考えが折り込まれていた。例えば、天皇のなす行為については認証の部分が消され、また、国事行為ではなく、国務として表記された。さらにその点を前提として、内閣の助言と承認（advice and approval）の代わりに輔弼（assistance）とされていた。このように、第三条の検討に入ったところでケイディス次長と松本大臣の間で激しい口論となり、双方とも興奮してしまった。そのときのことを松本大臣は、ケイディスの手が震えてきたのが見え、私も体が震えるようになったため、これ以上議論したら取っ組み合いになると思った、と述べている。松本大臣はそこまで頑張ったのであるが、とうとう昼過ぎには帰ってしまった。

このような対立の原因は、天皇に対する考え方の違いにあった。そこで総司令部は、佐藤達男氏を相手にして検討を続けた。午後六時半を過ぎた頃、総司令部側は、三月二日案を検討する作業を今日中に終えて、総司令部と日本政府の間で検討した結果としての成果を得るようにしたい、と述べた。それに対して佐藤氏は、とてもそんなたいへんな仕事はやれないと言って総理官邸に電話を入れ、松本大臣に戻ってくるよう頼んだ。しかし大臣は、戻るとまた大げんかになるから私は行かない方がよい、成案については自分がまた出直すことにする、と返事した。

午後七時を過ぎた頃から、第一条からがっちりと固める検討に入った。白洲氏と長谷川氏の両人は法律のことがよくわからないため、日本側では佐藤氏がほとんど一人でその作業を行った。一方、総司令部側は各章ごとにそれを担当した小委員会の人間が集まって検討を行った。翌日午前五時頃、夜が明けるまでその作業は続けられた。マッカーサーも、この晩は夜の一二時まで起きていた。

翌三月五日、午前八時から閣議が開かれ、総司令部側と佐藤氏による作業の終わった部分が章ごとに相次いで英文のまま届けられた。それらは日本語に直されて閣議で検討された。しかし各大臣たちは、それが三月二日案とどれだけ違うか形のうえでしかわからなかった。それで松本大臣が説明を加えながら、閣議の検討が行われた。そこに、午後になって総司令部の方から書面で、出来上がった成案を今日（三月五日）のうちに日本政府の案として発表するよう指示があった。また総司令部も英文でそれを発表する、とあった。この通告は、その成案を日本政府が受け入れることを既に前提としていた。大臣たちはこれを聞いて、たいへんなことになった、と思った。松本大臣は、彼らに勝手に発表させればよいと発言した。しかし、他の大臣たちは、そうすれば日本の立場がなくなると考え、形の上だけでも従うほかなかった。

午後五時半頃、幣原首相と松本大臣は二人で天皇に会い、今までの経過を報告した。天皇は、自分としては異存はないと答えた。彼らは午後七時過ぎに総理官邸に戻ってきた。その時刻の頃やっと、第一章から第一〇章をまとめた案が閣議で配られた。三月二日案における日本側の意見、それはすなわち松本大臣の考えであったが、およそそれはほとんど落とされ、その結果、総司令部案に近いものが成案となった。閣議は悲痛な空気に包まれた。幣原首相は、天皇を象徴とし、国家としては戦争放棄、戦力不保持をわが国の憲法として定めることは、そうせざるをえないことはいえ、我々の子々孫々に対する責任である、と言って、目頭に手をあてた。他の大臣たちも涙を催した。こうして午後九時半頃、閣議は終わった。しかし、その成案は形の上で不十分なところがあり、実際問題としてその日のうちの発表は不可能であったため、総司令部の了承を得たうえで、翌日発表されることになった。午後九時半以降、内閣法制局により夜を徹した作業が続けられた。

三月六日、午前九時から閣議が開かれ、内閣法制局が補正した案が配られた。閣議では前文の部分が大臣たちにはひっかかった。これは何とかならないか、と前文に重点を置いて議論がなされた。しかし、言葉の問題であっても変えるところは、総司令部の了承を得なければならなかった。こうして、午後五時前に一応のものが整ったのである。

三月二日案で日本側から加えられた箇所のうち落とされなかった点が二点ある。第一点は、総司令部案では国会が一院制であったところが、二院制とされたことである[★98]。ただし、松本大臣の考えでは、職能代表、学識経験者からの任命による第二院とされていたが、その点は修正されて選挙によることとされた。第二点として、総司令部案では違憲立法審査権が最高裁判所と国会の二本立てによることとされていたが、それは前者のみとされた。

また、三月二日案から成案ができ上がる過程で案文が英訳されたり和訳されたりした結果、条文の規定の仕方や文言に微妙な差がでてきた点がいくつかある。第一点は、第九条において「国際紛争を解決する手段としては」という句が戦争と武力行使の双方にかかる文言となったことである。総司令部案ではその句は後者にのみかかっていた。第二点は、第三一条の保障の規定が刑事手続に限定されたことである。総司令部案では行政手続もそれに含まれていた。第三点は次のとおりである。総司令部案では衆議院の解散が不信任決議案の可決と信任決議案の否決に限定されて書かれていた。しかし第六九条に「衆議院が解散されない限り」という文言が加えられ、第七条に基づく解散が可能となった。

三月六日午後五時頃、日本政府は「憲法改正草案要綱」を発表した。また同じ時間に、その英文のものが国外へ向けて、マッカーサー最高司令官の承認と支持の声明を添えて発表された。なお日本政府側の発表においては、天皇の勅語が添えられた。それは以下のような内容であった。すなわち、ポツダム宣言の受諾に伴って日本の政府形態は日本国民の自由意思によって決定されることになったので、これからは日本国民の総意を基調とする原理原則に基づく行き方をするということ、また、基本的人権を尊重し、平和を享有する生活をするよう望まれるということであった。この勅語は「憲法改正草案要綱」が日本政府の案であることを明らかにするとともに、天皇が自ら、明治憲法から新しい憲法への切り換えを意思表示したものである。また、このとき初めて、ポツダム宣言の実行としての憲法改正という認識が勅語の中で明らかにされた。

この勅語に示されたことは、既に述べたとおり、二月二二日における総司令部と日本政府のやりとりで出てきた点である。そのとき総司令部側は、日本の新しい憲法が日本国民によって定められる一方、改正が天皇の行為として行われるということに関して、天皇の意思として国民が憲法を定めることにすれば両者はつながるとした。ただし、松本大臣はこの点について閣議報告していない。しかし閣議においても、入江氏がこのつながりを指摘した。すなわち、天皇主権から国民主権への転換には明らかに断絶があり、それをどのようにつなぐかが法的ポイントとされた。そこで三月五日、日本政府は、天皇の意思として新しい憲法を制定することを天皇の御言葉として頂戴したい旨奏上し、その結果、前述の勅語が出されたのである。

二月二二日における方向としての総司令部案受け入れの決定から、三月六日の成案確定に至るまで、およその関係者にはやむを得ないという気持ちが強かった。それは、総司令部案を拒否すれば天皇の制度が認められなくなるかもしれない、という危惧があったからである。しかしそれにしても、松本大臣はなぜあそこまで頑張ったのであろうか。

第一にそれは、彼の人柄、強い自信からくるものであった。第二に、彼はポツダム宣言を正確には捉えていなかった。すなわち、同宣言第一二項の「日本国民ノ自由ニ表明セル意思ニ従ヒ」という文言に対する理解が、人の態度を異ならせた。これには三通りあった。第一の解釈は、同文言の「自由」という点に重点を置いて、国民が政府に制約されることなく意思を表明するという意味にとる自由主義的解釈である。第二の解釈は、民族自決と内政不干渉の立場で、連合国はポツダム宣言以上のことは日本に任せているとする解釈である。第三の解釈は、国民主権を意味するとの立場である。これについて松本大臣は、第二の解釈をとり、日本国民つまり日本の方で決めればよいと考えた。そのため彼は、憲法の問題は我々日本側に任されているのだから、あちらの言うことは余計なことである、と考えたのである。そのようなわけで彼は、あのような頑張った態度をとったのである。しかし、実際にポツダム宣言のその文言が言わんとしたことは、第三の解釈、すなわち国民主権であった。なお第一の自由主義的解釈について、総司令部が「自由の指令」を発した結果、確かに日本国民は政府との関係で自由になった。しかしそのうえには、占領軍のコントロールが存在したのである。

松本大臣がポツダム宣言に対する誤った解釈からあのような頑張った態度をとった一方、総司令部が、例えば、四八時間以内の回答を求める通告やその日のうちの成案の発表という指示に表れたように、随分きつい進め方をしたのも事実である。日本側からすれば、強く迫られるという感じであったが、総司令部側のそのような態度は何よりも極東委員会との関係からくるものであった。果たして極東委員会は、総司令部が言ったように、本当に警戒しなければならない存在であったのか。その点については、総司令部側が日本政府に警告したように、天皇が戦争裁判にかけられたり、天皇制が廃止されたりするおそれはかなりあったといえる。また、白洲レターに対するホイットニーの返書において、外から憲法が押付けられるおそれがあると述べられているが、私(大友)としてはそのおそれはかなりあったとみるべきであると思う。

ところで二月一日以降、日本国民の間では憲法の論議は静かなものとなっていた。また、松本委員会も総司令部案の提示がなされた二月一三日以降、風が止まったようになっていた。そこに三月六日、「憲法改正草案要綱」が日本政府から国民の前に発表された結果、いわば事態がトンネルから抜け出た状態となった。当時、二月一日から三月六日に至る間の事情は一握りの人間しかわからなかった。宮沢俊義教授はその間の状況を「ダーク・チェインジ」と表現した。では、日本国民は三月六日における改正案の発表をどのように感じたか。彼らはまず驚いた。第一に、二月一日における毎日新聞のスクープと三月六日の改正案にたいへんな違いがあることに驚いた。第二に、天皇が象徴であること、戦力不保持等、改正案の内容に対する驚きがあった。とはいえ、およその国民は改正案に明るさを感じ、好感を抱いた。また、それと同時に、その案にかなり総司令部の息がかかっていることを国民は感じ取った。

なお、日本政府は「憲法改正草案要綱」発表後、総司令部の了解の下にそれを各省庁、学者等に配って問題点の指摘を求めた。また、①四月二日から三日にわたって内閣法制局が、②九日には外務省が、総司令部側と会い、改正案における不十分な点について話し合いがなされた。①においては、日本側が暗に緊急事態に関する規定がないことを指摘したのに対して、総司令部側はそのような規定は憲法に置かない方がよいとした。ただ、結局、参議院の緊急集会の規定を入れることが認められた。また②においては、天皇の国事行為について、全権委任状と大使公使の信任状の認証、批准書その他の重要な外交文書の認証を加えることが、総司令部側によって認められた。その結果、天皇の対外代表性が形式的ではあっても、より明確となった。

最後に、「憲法改正草案要綱」に対するアメリカ政府と極東委員会の反応はいかなるものであったか。そのニュースはアメリカ時間の三月七日(日本時間では三月八日)の時点ですでにラジオを通じてアメリカに届いていた。正式には総司令部が作成した英文の改正案一三通が日本政府の署名を得たうえで、特別仕立ての飛行機でアメリカ政府に届けられ、また同政府を通じて極東委員会に渡された。アメリカ国務省の担当官ヒュー・ボートン(Hugh Borton)は改正案を見て、第九条だけは意外であったと感じた。これは、それ以外の点は意外ではなかったことを意味するが、改正案がSWNCC228を基礎として作成されたことがその理由である。

一方、「憲法改正草案要綱」発表の日、極東委員会においては第二回会合が開かれ、討議に入ることになっていた(第一回会合はすでに二月二六日に行われ、内部組織が決められた)。そこへすれすれのタイミングで、日本の憲法改正案が知らされたのである。それは極東委員会の委員たちからは驚きというよりは、不快の念をもって迎えられた、とアメリカ代表の委員であったブレイクスリー(George H. Blakeslee)はその著書の中で述べている。また、極東委員会の公式の反応は三月二〇日(日本時間では三月二一日)の第四回会合で表れた。その日、極東委員会は日本の憲法改正案に対し、次のような決定を行った。すなわち、同委員会はまず、アメリカ政府から改正案の成文を、最高司令官のコメントとともに受け取ったことを明らかにした。次いで、その改正案が最終的に日本の議会によって承認され効力を発生する以前に、それがポツダム宣言に適合しているかを決定する機会が極東委員会に与えられなければならないことを、最高司令官が日本政府に明らかにするよう要求した。

マッカーサーは改正案を英文で発表する際の声明において、その案を完全に承認するものであると述べたが、極東委員会はこのことにカチンときていた。彼らからすれば、マッカーサーの声明は個人のものとしてであり、その案が連合国によって承認されたと日本国民に思い込ませてはならないと感じ、そのような決定を行ったのである。また、極東委員会は日本の総選挙の日程をなるべく延ばすよう要請したが、マッカーサーはそれに応じなかった。

(昭和六〇[一九八五]年一一月二三日、一二月三日、一〇日)

註

[★96] 総司令部案では国民主権に基づき天皇の在り方が変えられた。そのことはまた、国家の在り方や人権に関しても変わるということを意味した。このように、基本原理が変わったため、天皇および戦争放棄以外の点においても日本側が変えられるところは実質的に言ってあまりなかったといえる。(昭和五九[一九八四]年一一月一三日大学院)

［★97］松本委員会において最も激論となったのは軍に関してであった。松本大臣は軍をなくした場合の反動を恐れ、軍を残す考えであった。幣原首相や楢橋内閣書記官長が軍の規定を置かない方がよいと言ったことに対し、松本大臣は強く反対した。（昭和五九［一九八四］年一一月二七日大学院）

［★98］一院制には、国会がより活発に行動できるという利点がある。一方、二院制は選挙の方法に工夫をこらせば、国民の多元的利益をより吸収できる。私（大友）としては二院制の方に賛成である。（昭和五九［一九八四］年一二月四日大学院）

25 総選挙と憲法議会における審議

一九四六年四月一〇日、前年一二月一八日の衆議院の解散以来延び延びになっていた総選挙がようやく行われた。総司令部としては、日本政府に対して憲法改正案を総選挙の前に発表するよう指示していたこと、また、この総選挙が新憲法を審議する議会を選出する選挙であるとの意向を日本政府に伝えていたことから明らかなように、新憲法を国民に問うための総選挙であると意義づけてそれに臨んだ。日本政府の態度もまた同様であった。しかし実際には、今回の総選挙の最大の焦点は憲法の問題ではなく、生活の問題であった。とはいえ、この総選挙は戦後行われたもののうち最も注目すべき選挙であり、盛り上がりのあるものであった。

それまで一四〇〇万人であった有権者数は、この総選挙においては約二・五倍の三七〇〇万人に及んだ。新しく選挙権を得た女性および二〇から二四才の男性は、興味と熱意をもって選挙を迎えた。四六四議席を約六倍の競争率で三六三の政党、二八〇〇名の候補者が争った。ただし、望ましくないとされた人間は追放令によって候補者からスクリーニングされていた。選挙区に関しては各県を一区とする大選挙区制が採用され、投票者は候補者二名を制限列記した。このようにこの選挙では、国民の選択の幅が広かった。

また、国民は新しい日本のことを熱心に考えていた。総選挙の結果は、自由党一四〇議席および進歩党九四議席で計二三四議席を占め、保守派が過半数を少し上回った。これに対し、社会党九二議席、協同党一四議席、共産党五議席であった。全部で三三の政党が議員を出したが、ほとんどが一人一党的存在であった。無所属議員は八一名であった。また、この選挙では三九名の婦人議員が誕生した。なお、自由党、進歩党および社会党等は日本政府の憲法改正案を支持したが、共産党だけは、天皇制廃止を主張し、また、戦争放棄は日本をアメリカのコントロールの下に置くとの立場から反対した。

四月一七日、「憲法改正草案要綱」を条文の形に整えた「憲法改正草案」が発表された。要綱との相違は、既に述べたとおり、四月二、三日および九日に総司令部から了解をとりつけた修正が盛り込まれたこと、また、日本側の着想により口語体の法文とされたことである。

四月二二日、幣原内閣が総辞職した。これは、四月一七日の改正案発表まではこの内閣でやり遂げようという気持ちからであった。なお、幣原首相は第二党である進歩党の総裁であった。

ところで、四月一二日、極東委員会は、日本の憲法改正が進められている状況について説明を受けるため、マッカーサーに対して彼の幕僚を派遣するよう要請する決定を行った。しかしマッカーサーは、憲法の問題には私自身も深く関与しており、私に代わってその状況を説明できる者いないので、極東委員会に派遣することはできない、と回答した。これは、極東委員会を小馬鹿にしたような言い方であった。

五月一三日、極東委員会は、日本の新憲法を採択するについての条件を三つ挙げた。それは、第一に、日本国民によって自由に審議されること、第二に、最終的決定もまた日本国民の自由な意思によってなされること、第三に、明治憲法との法的継続性が保たれることであった[★99]。

五月一六日、新議会が招集され、五月二二日、吉田茂内閣が成立した。それが幣原内閣の総辞職から一カ月もかかったのは、第一党である自由党党首の鳩山一郎が追放を受けたからであった。

六月二〇日、憲法改正案が天皇の詔書を添えて衆議院に提出された。ポツダム宣言に基づき、主権の転換を約束し、また、憲法改正案を作成したのは天皇およびその政府であったが、新憲法の決定は国民すなわちその代表たる議会によってなされなければならなかった。なお、改正案の提出に関して、五月二二日の吉田内閣成立より約一カ月を要したのは、明治憲法上、枢密院の検討を経なければならなかったからである。そこにおいても修正されるべき点が指摘され、総司令部の了解の下に政府の修正として改正案に加えられた。

翌六月二一日、マッカーサーは憲法改正に関する審議の原則を述べたが、それは五月一三日に極東委員会が決定した原則を繰り返したものであった。しかし彼は、それを極東委員会の決定によるものとしては言わなかった。

六月二五日、吉田首相は憲法改正案の提案理由を議会において説明し、その際、ポツダム宣言の条項は平和日本の向かうべき道を明らかにしたものであり、そのために憲法改正が要諦となる、と述べた。

総選挙の結果、衆議院は新しい構成となっていた。それは、望ましくないとされた立候補者が追放令によってスクリーニングされたためと、有権者の数が増大したためであった。一方、貴族院においては、役人として功績のあった者が多くの議席を占めていたが、公職追放される者が多かった。その代わりに学識者が任命された。ちなみに慶應義塾大学の浅井清・元教授もその一人であった。そのため、憲法改正に関する審議の質は貴族院の方が高かったといえるが、両議院とも議員たちは熱意と活気をもって改正の審議にあたった。ただし、衆議院は審議に積極的であった一方、貴族院はその性格上、かなり控えめであった。議員たちは憲法改正案が日本政府から出てきたものではなく、総司令部の息がかかっていることを肌で感じていた。しかしそのことを表向きに言うことは避けられた。なお、憲法改正案は日本文だけでなく、英文のものも配られた。以下、議会における審議の内容がいかなるものであったか、説明することにする。

議会において最も議論されたのは、改正案において国体が変わったのか、ということであり、次いで第九条の問題であった。その一方で、改正案の他の箇所に関する審議は少なかった。また、議会における修正はあるにはあったが、大きな修正は行われなかった。改正案は日本政府の案として扱われたが、修正する場合にはその決定の前に総司令部の承認を求めることが必要とされた。その結果、議会による修正は控え目になりがちであった。なお、提出した側の日本政府も案の内容に関してよくわかっていないことがあり、時の厚生大臣は社会権を自由権として答弁したこともあった。また第九条についても、吉田首相、金森徳次郎国務大臣[★100]らは必ずしも十分にはよくわかっていなかった。第九条のような大きな問題についてかなりの議論が出され、修正意見が出されそうな状況になると、憲法改正特別委員会の委員たちは議長のところに集まって相談し、政府と総司令部の間のいきさつの説明がなされた。

衆議院および貴族院の修正の形で成立したものはあわせて二〇前後あった。例えば、第二五条の第一項が加えられたこと、社会党の提案により第二七条一項として勤労の権利が加えられたこと、および、第九条の芦田修正等である。また、議会による修正の中には実は総司令部から指示された修正もあった。改正案の第一条に「国民至高の総意」とあったものが衆議院で修正され、「主権の存する日本国民の総意」となったのはその一例である。さらに、極東委員会の決定に応じて両議院でなされた修正もある。すなわち、第一五条三項、第六六条二項の文民条項[★101]、および第六八条一項は、同委員会の決定に基づき追加されたものである。

八月二六日、改正案は衆議院で可決され、一〇月六日には貴族院でも可決された。しかし貴族院において若干の修正があったため、その点についての衆議院の審議を経て、一〇月七日、最終的に改正案が可決成立した。ところで総司令部首脳は、議会において改正案がもっと修正されるものと考えていた。しかし議会において何ほどにも修正がなされなかったことは、彼らにとって意外であり、また残念なことであった。とはいえ、こうして一一月三日、日本国憲法が上諭《じょうゆ》を付されて公布され、マッカーサーはそれを歓迎する声明を発表した。

以上のような日本国憲法の制定過程において明るい面は、下からつまり国民から湧き上がってくる動きがかなりあったことである。逆に暗い面は、総司令部や極東委員会からいろいろと注文を付けられたことである。しかし、日本国憲法の制定はポツダム宣言の実行としてなされたのであり、同宣言の条件には日本国民の自由意思とともに、連合軍の占領管理が挙げられていた。日本国憲法の制定にはこのような二面性が存在したのである。

（昭和六〇［一九八五］年一二月一〇日）

註

［★99］なお、極東委員会は七月二日、日本の憲法改正についての基本原則を決定した。それはアメリカが他の連合国の同調を取り付けたものであって、SWNCC228とほとんど同じ内容であった。（昭和五九［一九八四］年一二月一一日大学院）

［★100］金森徳次郎氏は戦前、天皇機関説をとったため法制局長官の職を辞した人であった。彼は、総司

令部案が日本政府によりだいたい受け入れられた頃、内閣嘱託となっており、原案の作成の作業には参加していない。ところで、高柳賢三氏が天皇の行為に関して、天皇の名における行為と認証の区別がはっきりしないため、それらを前者に統一すればよいと主張したところ、金森大臣はその修正案には反対であった。(昭和五九[一九八四]年一二月一一日大学院)

[★101] 極東委員会は、衆議院における第九条の芦田修正を知らされて、それによって自衛のための戦争ができるとする解釈をとれないことはないと判断し、昭和二一[一九四六]年九月二五日、文民条項を入れるよう要求する決定を行った。なお、SWNCC228にはすでに文民条項が入っていた。(昭和五九[一九八四]年一二月一一日大学院)

26 極東委員会による再検討と連合国の承認

一般には、日本国憲法の制定は日本国内だけで行われたとされる。しかしそもそも、それはポツダム宣言の要求の実行としてなされたのであり、連合国によって日本国憲法が同宣言の要求に適合しているかどうか決定される必要があった。では、連合国の承認はいかなる形でなされたのか。

既に述べたとおり、昭和二一［一九四六］年三月六日、憲法改正案要綱が発表されたのを受けて、三月二〇日、極東委員会は決定を行った。その内容は、改正案要綱に関するマッカーサーの三月六日の声明は個人的なものであり、また、新憲法が日本の議会で可決される前にそれがポツダム宣言の要求に適合しているかどうかについて、極東委員会の審査が必要であるということであった。

九月二五日の会合までに極東委員会の審査は大詰めに入っていた。同日の会合においては、ある委員は日本の新憲法を承認すると言い、またある委員はポツダム宣言の要求と矛盾している箇所は認められないと語った。ソ連の代表だけはあくまで承認できないと主張した。極東委員会のソ連を含む四大国は拒否権をもつゆえに決定のしようがなかった。その結果、同日の会合では表決に至らなかった。このように日本国憲法に対する極東委員会の正式承認の決定は得がたかったが、しかし少なくとも消極的な承認が必要とされた。そこで何とか事態を収拾するため、アメリカの発想をもとに一〇月一七日、日本国憲法に対する再検討の決定がなされたのである。その内容は、極東委員会が日本国憲法をポツダム宣言および日本の実情に照らして、その施行(昭和二二[一九四七]年五月三日)後二年以内に、再検討するということ、また日本においても議会で再検討がなされるようにするということであった。こうして日本国憲法は昭和二一年一一月三日交付され、翌年五月三日施行された。

ところで、この再検討の決定を日本に伝える方法を極東委員会ははっきりと決められなかった。新憲法が議会で成立したばかりの日本国内において水をさす結果となることをおそれたからである。そこでアメリカ政府がこの決定をマッカーサーに伝え、彼が一工夫加えたうえで日本政府に伝えることとなった。昭和二二年一月三日、マッカーサーはニュー・イヤー・メッセージを吉田首相に送り、その中で「なお極東委員会においては次のような決定を行ったのでお知らせする」という形で再検討の決定を日本側に伝えたのである。吉田首相は、彼がそのような仕方で伝えてきた意味を悟り、その書簡を自分の金庫の書類箱にしまったままにした。一方、極東委員会は三月二八日、前年一〇月一七日における再検討の決定を自ら発表した。これはアメリカの新聞に報道され、それが三月三〇日、日本の新聞でも報道された。
結局、日本の議会では新憲法の再検討はお茶を濁す程度になされたにすぎなかった。昭和二四〔一九四九〕年四月二〇日、吉田首相はこの憲法に改正すべき点は見当たらなかったと述べる一方、四月二八日には極東委員会が日本の憲法に改正すべき点は見出されなかったとの決定を下した。このように、ソ連の拒否権ゆえに日本国憲法に対する正式承認ができなかったため、同憲法を再検討することにし、その結果は改めるべき点はないということであった。再検討の決定は日本国憲法を事実上認めるということであり、それに改めるべき点がなかったということはそれを実質的に承認したものとみなすことができる〔★102〕。

ポツダム宣言の眼目は日本の国家の改造であり、それを端的に示したのが憲法の改革であった。極東委員会が設置されるときでも最大の争点は日本の憲法であった。大国の拒否権ゆえに日本国憲法に正式の承認は与えられなかった。しかし既成事実として日本国憲法は議会で可決され、公布された。そのため極東委員会は再検討の決定を行ったが、その後、改めるべき点はないとされた結果、実質的な承認が連合国によって与えられたのである。マッカーサーが日本政府に改正案の作成を急がせたのは、以上のような既成事実を作ることが狙いであった。その結果、極東委員会は出し抜かれ、竜頭蛇尾に終わってしまった。一方、極東委員会の存在が日本国憲法の制定に相当大きな影響力をもったことも事実である。その点は、総司令部案作成におけるマッカーサーの方針転換や日本政府による総司令部案受け入れに表れている。以上のように連合国側の事情は簡単なものではなかった。

これで時系列的に扱った日本国憲法の制定過程の説明を終えることとする。

(昭和六〇〔一九八五〕年一二月一七日)

註

〔★102〕これは私(大友)たち一行が渡米し、アメリカ国務省で説明を受けた際の話に基づいているが、そのとき私は、アメリカ政府はよく考えたものであると感心したのを憶えている。(昭和六一〔一九八六〕年一月一四日大学院)

27　日本国憲法の原理と制定過程（一）

前回まで日本国憲法の制定過程を時系列的に説明してきたが、次に、日本国憲法前文、国民主権、平和主義および基本的人権のそれぞれについて、制定過程に基づいた説明を行うこととしたい。そこでまず前文から始めることとする。

およその憲法は前文をもっている。一般に前文はその憲法の制定過程、とくに憲法の原理を表明し、その目的について述べるものである［★103］。日本国憲法の前文は、それが人類普遍の原理に基づくことを強調し、日本特有の国体の原理を否定している。日本国憲法において制定の主体は日本国民とされている。どのようにしてか（方法）というと、国会における代表者を通じてである。何のためにか（目的）というと、自由と平和がもたらされるためである。しかし、この前文は後に明らかにされるように、日本国憲法がアメリカのリードのもとに作られたことを示すものである。

前文は四段から成る。まず第一段は制定の過程を述べ、平和、自由（基本的人権）および国民主権という三つの目的を明らかにしている［★104］。次に第二段では主として平和と人権について述べられている。さらに第三段では国際協調すなわち平和について述べられ、第四段は以上の点に関する誓いの言葉である。

第一段から第三段は目的として述べられており、それらの目的は憲法の原理とされている。それらはまたポツダム宣言の要求するところであった。日本国憲法はポツダム宣言の要求の実行として制定されたが、前文はまさしくそのようなものとして書かれているのである。前文を起草したのは総司令部であり、各段の文章のほとんどはアメリカに起源がある。日本政府はいったん三月二日案においてこの前文をはずそうとしたが、総司令部側からその前文を訳文のまま付けるよう三月四日に指示されている。そのため、ある程度やすりがかけられた程度でそれが日本国憲法前文となったのである。

この前文のスタイルはアメリカ憲法の前文の書き方と同様である。第一段の「自由のもたらす恵沢（the blessings of liberty）」という文言は、アメリカ憲法前文からとられている。また同じく第一段の後半は、"Government of the People, by the People, for the People"というリンカーンの言葉を少し引き延ばしたものであり、さらに「その権力は国民の代表者がこれを行使し」という表現は間接民主制の原則を表明したものである。第二段の第一文にはマッカーサー・ノートの戦争放棄の項の半分が入れられている[★105]（後の半分は第九条である）。次に第二段では、第二文が一九四三年一一月のテヘラン宣言から、第三文が一九四一年八月の大西洋憲章からとられている。なお「恐怖と欠乏から免かれ」という文言は、一九四一年一月の演説においてローズベルトが「四つの自由」の中に含めたものである。一方、「平和のうちに生存する権利」とは新しい表現であり、とくに出典はない。

第三段の「政治道徳の法則」という文言を含む文章は、コロンビア大学教授であったチャールズ・ビアード(Charles A. Beard)の文章に似ている。しかし、それは彼だけに限らず、アメリカでよく使われた表現であった。最後の第四段はアメリカ独立宣言の結びの言葉とスタイルが同じである。日本国憲法はポツダム宣言の要求に沿うものであった。しかし日本側は同宣言の意味するところがよくわからなかったため総司令部から案の提示を受けたのであり、その辺のところが前文にはっきり出ているといえる。

次に、日本国憲法の制定における国民主権について制定過程に即して説明することとする。国民主権は平和と同様、それ自体が目的なのではなく、人間らしく生きるため、つまり基本的人権のためである。

国民主権とは一つの原理である。明治憲法では天皇主権であったが、日本国憲法では、前文および第一条において主権が国民に存する旨が述べられている[★106]。国民主権とは国家の力と意思の源が国民にあるという原理である[★107]。しかし原理だけで憲法は動かない。国民の意思が源となって、国会、内閣、裁判所が機能するのである。そこで国民主権の実体が憲法において実定のものとして明らかにされるべきである。それは人権と国家機構の両面において表れている。前者においては、国民が参政権（選挙権と国民投票権）を有することである［★108］。後者においては、国会、内閣および裁判所が国民の意思から出て活動するようにたとえられているということである。例えば、国会は全国民を代表する議員によって構成され、国権の最高機関であるとされている。

では、天皇主権から国民主権への転換はどのようになされたのか。それは二段階のものとしてなされた。第一段階としてそれは、原理上のものとして戦争終結の時点にポツダム宣言の受諾においてなされた。同宣言は日本が国民主権の国家になることを要求しており、それを受諾した日本はそうなることを約束したことになる。ただし、ポツダム宣言を受諾したのは天皇を頂点とする日本政府であり、主権の転換の決定をしたのは天皇自身であった。つまりこの転換に国民の意思は働いていない。国際間の行為としてポツダム宣言の発出および受諾がなされたのである。

次に主権の転換の第二段階は、憲法典の制定としてなされた。これについてはポツダム宣言およびその後の日本政府の申し入れに対する連合国による回答において、三つのファクターが示されている。それは第一に、連合軍の占領管理の下に、第二に、天皇およびその政府を通じて、第三に、日本国民の自由に表明される意思によってなされるということであった。それゆえ主権の転換における第二段階は、占領管理を前提として一面において天皇によって、他面において国民によってなされるということを意味した。ただし、ポツダム宣言は、第二段階における主権の切り換え自体は日本国民が行うとしている。では、日本国憲法典の制定の過程において連合軍の占領管理の下で、天皇およびその政府の意思はどのように働き、また、国民の意思はどのように働いたのか。

戦争終結後、日本政府はなかなか憲法の改正に着手しなかった。しかしマッカーサーは、昭和二〇年［一九四五］一〇月四日近衛公に、また一〇月一一日幣原首相に、憲法は改められなければならないと指示(direct)した。当時、日本国民の自由はきわめて制限されていたが、一〇月四日には「自由の指令」が出された。また同月一一日には幣原首相に対して選挙権拡充の指示がなされ、総司令部のリードにより一二月一五日に選挙法の大改正が行われた。

ところで日本政府の松本案は、総司令部によってポツダム宣言からあまりに遠いとされた。同案が同宣言と原理において異なるものであったからであり、またそれは日本国民の間でも評判が悪かった。そこで総司令部は、いったんは日本政府に案を作り直させようとしたが、連合国の情勢をとくに米ソ関係を考慮して総司令部案が起草され、日本政府に提示された。同案においては日本国民の気持ちをくみ取り、天皇制は存続するものとされた。結局、日本政府によって同案の受け入れがなされた。三月六日案発表の際添えられた天皇の勅語は、これまでは天皇の意思としてやってきたが、これからは国民の意思に基づいて国政がなされることが天皇の意思であることを天皇自ら明らかにするものであった。

他方、日本国民の盛り上がりは、当初それほどではなかったが、次第に憲法改正の論議がなされ、いろいろな主張が出されるようになった。しかし、改正をめざす国民の積極的な運動は若干しかなく、日本国民の意思はどちらかといえば政府また総司令部の行動に対する反応として表れた。例えば、スクープされた松本案に対して日本国民は喜びを示さなかった一方、総司令部案に基づく三月六日案の発表に対しては国民は明るさを感じた。また、日本国民の意思は、新しい議会における改正案に対するある程度の修正およびその審議可決というかたちで働いた。一般に国民主権とは国家の行為が国民の意思に基づくことを意味するゆえに、それは国民の意思によってうちたてられるべき原理である。しかし日本国憲法における国民主権について言えば、日本国民の意思は確かに働いたが、その度合いは少なく、むしろ第一に連合国の意思、第二に天皇および政府の意思、最後に国民の代表である新しい議会の意思が働いたといえる。

（昭和六〇［一九八五］年一二月一七日）

註

［★103］前文は、伝統的には憲法制定の由来について歴史的事実を簡潔に陳述するものであったが、その後、定立された原理を説明的に述べるようになった。それゆえ、前文は憲法典全体において重い位置を占めている。では、憲法の原理を規定する前文はいかなる法的性質を有するか。それは第一に、本文を生み出すものであり、第二に、本文の条文を解釈するにあたってその指針を示すものといえる。

ただし、そこから直ちに法的拘束力を導き出しうるものではない。(昭和五六[一九八一]年九月二二日学部)なお前文第一段の第四文は憲法改正の限界を示している点でひときわ法的性質の強いものである。(昭和五三[一九七八]年学部)

[★104] 前文第一段第一文には「日本国民は、正当に選挙された国会における代表者を通じて行動し」とあるが、これは憲法制定の由来を示すものか、あるいは原理を表明するものかに関しては見方が分かれる。前者の立場をとるのは佐藤功氏である。その理由は、憲法制定の主体が日本国民であることはポツダム宣言の要求であり、また、日本国民が総司令部によってそのように盛り立てられたこと、実際に衆議院の力が強く働き、貴族院は控え目であったということである。これに対して、後者の立場をとるのは宮沢俊義氏である。その理由は、日本国民の政治力がきわめて弱く、この憲法の制定には日本政府の力が大きく働いたこと、また、議会のうち貴族院は国民を代表していなかったということである。私(大友)個人としては、この前文第一段第一文は制定の由来を示していると考える。ただし、制定の由来を示しつつ原理も示すものであるとみるべきである。(昭和五三[一九七八]年学部)

[★105] 前文第二段第一文の「信頼して、……保持しようと決意した」という表現は、総司令部案では「委ねようと決意した」とあったところを、議会によって修正されたものである。(昭和五三[一九七八]年学部)

[★106] さらに、第一五条一項と二項は国民主権を公務員との関係において表明している規定である。総司令部案第一四条では「国民は、政治および皇位の最終的判定者である」となっていたが、日本政府に渡された後、削除された。(昭和五三[一九七八]年学部)

[★107] 日本国憲法においては間接民主制が原則であり、補完的に直接民主制が国民投票権として採用されている。後者の例は次の三つである。第一は、第七九条二項に規定される最高裁判所裁判官の国民

審査である。これは内閣の任命に偏りがないようチェックするためのものであり、アメリカではミズーリ・プランとして存在した。この案に対して衆議院は日本の実情に合わないとして同規定の削除を要求したところ、総司令部はその代わりに、国会の同意を要するという規定を入れる案を出した。しかし、国会が最高裁判所裁判官の任命にかかわると政治性を帯びることが懸念されて、結局そのままにされた。次に後者の第二の例は、第九五条に規定される地方自治特別法に対する住民投票である。アメリカでは州が市の自治権を害する立法を行った経緯があってそのような住民投票が採用されたことに鑑みて、総司令部案でもそれが規定されたのである。さらに第三の例として、第九六条一項の憲法改正手続にも国民投票が規定されている。(昭和五六[一九八一]年一一月一〇日学部)

[★108] 一般に統治機構(government)と国民の関係には四通りある。第一は、国民の国家に対する受動的関係であり、それは国民が国家権力により義務付けられ拘束されること、つまり義務を意味する。第二は消極的関係であり、それは国民が一定範囲において国家権力から拘束されないこと、つまり自由権を意味する。第三は積極的関係であり、それは国民の国家に対する請求権、つまり具体的には裁判を受ける権利、社会経済権を意味する。第四は能動的関係であり、国民が国家を動かしコントロールすること、つまり参政権を意味する。参政権は人権の一つである一方、統治権の軸となるものである。さて、ここで問題となるのは国民主権でいう国民とは何かということである。すなわち国民と選挙民(an electorate)にはずれがあり、選挙権を有する者の範囲が問題となる。このずれが極大化されると、国民主権の名のもとに独裁者が出てくる場合がある。フランス革命後の最初の憲法は国民主権を採用したが、そこでは選挙権は革命の担い手たる市民階級に限られた。それにおいて国民と選挙民のずれが大きかった。フランスではこれに対して、合理的範囲で国民のほとんどに選挙権が及ぶことを意味する人民主権が主張され、第四共和国憲法、第五共和国憲法において規定されている。日本国憲

法における国民主権は第一五条三項、第四四条にあるように実質的には人民主権である。(昭和五六[一九八一]年一一月一〇日学部)

28 日本国憲法の原理と制定過程（二）

日本国憲法は何よりもまず、日本を平和主義の国家とすることを目的として制定された［★109］。既に述べたとおり、憲法においてその制定の目的を示すものは前文であるが、日本国憲法前文の第一段から第三段を通じて挙げられているのは平和主義である。では、制定の過程において平和主義の原理はどのように現れたか。

日本を平和主義の国家とすることを目的としたのは、何よりもアメリカをリーダーとする連合国であった。その意味で日本は受動的であったが、しかし日本人自身も能動的に日本が平和の国家となることを願ったのである。すなわち、国民主権への転換についてはずいぶん抵抗感やためらいがあったが、平和主義に関しては、もう戦争をやってはいけないというのが当時の日本人の共通の心持ちであった。このように日本国憲法は第二次大戦という戦争の中から生まれ、戦争を二度とくり返してはいけないという強い願望が込められている。連合国側としてそのような意図の現れは、大西洋憲章とポツダム宣言において明らかである。両文書には平和に連なることがたくさん書かれている。

平和とは簡単に言えば、我々が戦争なしに生活を営めることである。一方、平和を主義とするとはどういうことか。次の四点が指摘される。第一に、日本が国際社会の中に存在していることをはっきりと自覚することであり、それは前文第三段に言及されている。第二に、国際社会の紛争が少しでも起こらないようにするため国際社会のルールを守ることであり、その点は第九八条二項に定められている。第三に、もし国際紛争が生じたら武力や戦争で解決することをせず、平和的手段によって解決すること(その多くは政治的解決)であり、それは第九条一項に定められている。第四に、軍備の縮小であり、その徹底した姿においては軍隊を保有しないようにすることである。それは第九条二項に定められているが、「前項の目的を達するため」という文言は解釈の分かれるところである[★110]。ただ戦力不保持に限定を加えていることは確かである。以上のように日本国憲法は平和を目的としており、また、他のいかなる国の憲法にもましてそのような構成となっている。平和は日本国憲法全体を通じて達成されなければならない。

平和主義は国民主権および基本的人権とセットとされている。つまり、平和は戦力不保持等だけでは確かに実現されるとは言い難い。平和のためには国家の在り方の決定において国民主権でなければならず、また、国民の基本的人権が侵されてはならない。現代において基本的人権に対する最大の脅威は戦争である。基本的人権が平和の必須条件であることを示す顕著な例は、表現および言論の自由である。それが失われれば他の人権も損なわれるだけでなく、平和もまた揺り動かされる。

平和を国民主権および基本的人権と相俟って実現することは、第二次大戦の始まった頃、アメリカ大統領ローズベルトが掲げたことである。また、彼とチャーチルが合意した大西洋憲章では全ての国民が自由のうちに生きることについて言及されている。すなわち、そこでは平和を乱す国々に自由は存在しないこと、全ての国民が自ら治める国家、自由の国家となることを目指すこと、また、ナチス・ドイツのような国が打倒されて国家改造される必要があることが述べられている。このようなことが言われ、また、組織的に世界のリーダーたる国家が平和を主張し、それに組織的に協力する国家が出てきたのは第二次大戦が初めてであり、歴史的なことであった。その背景にあったのは、第一次大戦においてもそのような方向への努力がある程度なされたが失敗に終わったこと、また、戦争の怖さが前大戦時より一層大きくなったことである。このような動きの中から日本が平和を目指す国家となることを要求するポツダム宣言が発せられ、それを実行するものとして日本国憲法が制定されたのである。

一方、大西洋憲章では敵国の国家改造のほかに恒久的な国際機構の設立も謳われているが、それは国際連合として実現した。それは国際社会としての認識が高まり、平和のために国際社会の組織化がなされたことの現れであった。日独伊等の国々は国際社会のメンバーたるにふさわしい国家となること、および基本的人権を尊重する国家となることを要求された。

我々の最大のおそれは戦争である。日本国憲法は戦争をなくすことを目的として構成されていることを憶えておかねばならない。このような憲法を生かすことが肝要であり、第九条の道だけが平和の道である。また、その前提として、国際ルールの遵守および基本的人権の尊重が必要である。第九条は日本国憲法の中で最も平和に関連する規定であるので、以下その制定過程について説明することとする。

第九条の原型はマッカーサー・ノートにあり[★11]、その前にはポツダム宣言、さらには大西洋憲章がある。既に述べたとおり、大西洋憲章はファシスト国家の打倒、全ての国が自らの統治形態を選ぶ権利をもつこと、恐怖と欠乏からの自由、恒久的平和機構の設立等に言及している。また、ポツダム宣言は、日本の武装解除および日本が平和を目指す国家となることを掲げている。

この宣言を受諾した後、日本は武装解除され、憲法改正のための諸措置がとられたが、ここでは二つの基本的文書が指摘される。第一は、SWNCC228であり、それは日本の対内的な在り方をどうするかという問題を扱っている。第二は、日本の非武装化条約案であり、それは日本を国際的にどのような状態に置くかという対外的側面を狙うものであった。すなわち、日本は占領中武装解除され続けたが、日本の主権が回復された後に軍をもつことが日本に認められるかどうかが最大の問題とされ、この二つの文書はその問題を扱うものであった。SWNCC228は日本に武装を許すとも許さないとも書いていないが、やがては日本が軍をもつことを想定している。例えば、その(c)項二節が大臣は文民でなければならないとしているのはその表れである。一方、日本非武装化条約案は、日本の独立後二五年間非武装とするよう米英中ソが監視することを内容としていた。アメリカがこの条約案を作り、それはモスクワ会議、パリ会議でとりあげられたが、結局、実現には至らなかった。

ところで、松本案がポツダム宣言からあまりに遠く離れていること、および連合国側の事情から、マッカーサーは総司令部が原案を作り、それをモデルとして日本政府に提示することに決めた。その際、憲法改正の必須要件としてスタッフに示されたのが、マッカーサー・ノートであった。それは平和に関して、自衛のための戦争をも行わないこと、また軍隊を一切持たないことを述べ、非武装化無抵抗を定めていた。それは世界連邦が実現したときの在り方であった。このノートが原型となって第九条として実現した。それゆえマッカーサーは、先の二つの文書における以外の道を切り拓いたといえる。

マッカーサーの部下である民政局長、次長、および二人の課長は、そのようなことを憲法に書くのは不合理(unreasonable)であると考えて、本文にではなく前文に入れるよう申し入れた。しかし、マッカーサーはあくまで本文に入れることにした[★112]。ただし、マッカーサー・ノート第二項第三文は前文に入れられ[★113]、また、「自己の安全を保持するための手段としての戦争をも」という部分が削られた。その結果、第九条一項は「国権の発動たる戦争……は、……永久にこれを放棄する」という表現になった。第二項に関してはマッカーサー・ノートが踏襲された。ただし総司令部スタッフは原案の起草において、第九条一項と二項にあたる部分にそれぞれ修正を加えている。第一項については国連憲章(前文、第一条および第二条参照)にあわせるよう改められた。第二項については、不保持の対象として軍だけでなくその他の戦力を加えて抑えを広くした。また、マッカーサー・ノートでは「軍の交戦権」とあったのを「国の交戦権」とした。

国連加盟国には自衛権が認められており、第九条一項は国連憲章第二条三、四項とセットされたものとして存在する。それゆえ第一項だけからすると、日本は自衛権をもつことになる。ところが、第二項においては、国連より一歩進んで戦力不保持とされている。日本が自衛できるのか、また、自衛の戦力を持つことができるのかは、第九条全体から判断されなければならない。その際、二つの大きな修正が注目される。第一は、第一項において「国際紛争を解決する手段としては」という文言が松本大臣によって加えられた結果、限定が広くされたことである。第二は、第二項に「前項の目的を達するため」という文言が付け加えられたことである。これは芦田修正と呼ばれる。当時、衆議院憲法改正特別委員会委員長であった芦田均は、同修正が第九条に対する平和への願いをより強く宣明するためであると説明した。しかし後に彼は、実は何とか連合国を刺激しないで日本も武力を持てるようにすることがその修正の狙いであったことを明らかにしている[★114]。総司令部の担当官ピーク(Cyrus H. Peak)は芦田修正を見て、そのように修正すれば日本は自衛力を持ちうると判断した。その点を指摘されてホイットニーは、「いい考えではないか(Isn't it a good idea?)」と答え、その修正を認めた[★115]。極東委員会においても、芦田修正によって日本が自衛力を持ちうると判断された結果、それに対する抑えとして日本の新憲法に文民条項(第六六条二項)を入れるよう要求がなされたのである。

以上をまとめると、第一に、マッカーサー・ノートにおいては自衛のための戦争もできない。第二に、総司令部の原案においては無抵抗ではないが非武装である。第三に、日本側における二つの修正後、自衛力を持ちうるとの解釈を引き出しうることとなった[★116]。時の首相吉田茂や憲法担当大臣金森徳次郎が、日本は武装も自衛のための戦争を行うこともできないと述べていることは事実であるが、第九条に隠された本当の意図は表明されなかった[★117]。ただ、日本もいずれは国連に加盟する国として考えられ、また、日本自身も平和を痛感したことも指摘されなければならない。私(大友)も、戦争さえなければあとは何でもがまんするとさえ感じたものである。

ところで、マッカーサー・ノートは彼だけの考えからでてきたものではなかった。それは彼と幣原首相の会談に由来した。その会談の内容は戦争放棄に関することであり、それを言い出したのは幣原首相であった。しかしその点を憲法に書くことを考えたのはマッカーサーの方であった。このように第九条の原案を生み出したのは、幣原・マッカーサー会談であった。なおこれについては、幣原首相が枢密顧問官であった友人の大平《おおだいら》(駒槌《こまつち》)氏に語ったところによれば、四つのファクターが存在したと考えられる。第一は、日本が国際社会のアウトローとなるのをやめ、非武装化されることである。第二は、幣原首相の最大の動機として原子爆弾の存在である。第三は、彼が天皇を守るため戦争放棄を提唱したということである。つまり、天皇の軍という考え方に対して、軍をなくせば天皇は危険視されないと考えられた。第四は経済的配慮であって、日本はその日の生活にも困る状態であり、軍備を持つことを考えるよりも日本の経済再建が先決とされたということである。

第九条一項は国連と同じ線をとっている一方、第二項は国連より一歩踏み出して世界の他の国々と異なる行き方を示している。それは世界連邦が実現したとき初めて生じるものであるが、日本は第二項によって平和への道を進むについての先駆となっている。第九条が今日抱えている悩みは、先駆者の悩みと言えよう。今後、他の国々に対しても日本の第九条におけるのと同じ道を進むようもっていくことが望まれる。

（昭和六一［一九八六］年一月一四日）

註

［★109］憲法は通常、国家における国民の在り方を規定する。一方、新しい現象として国際社会における国家の在り方も規定される傾向が生じた。（昭和五三［一九七八］年学部）

[★110] 第九条二項でいう「前項の目的」が、第一項の何を指すかについては、解釈が三つに分かれる。第一説は、「国際平和を誠実に希求する」という点を指すとする。この説では芦田修正は第九条の限定とはならない。第二説は「国際紛争を解決する手段としては」という部分を指すとする。第三説は第一項全体を指すものとする。第二説と第三説は結果的には同じことになる。それは、自衛の場合は別として国際紛争の解決手段としては戦争を放棄することを意味する。それは国際社会における一般的な理解の仕方と同じである。一方、第九条二項は英文では"shall"ではなく"will"が用いられている。"will"では"shall"より強くないが、だからといってプログラムを意味するとばかりを言えず、そこには自己拘束もある。しかし、日本語が正文であることを忘れてはいけない。(昭和六〇[一九八五]年一二月一〇日大学院)

[★111] 総司令部案自体は極東委員会、とくにソ連を出し抜く意図で作成されたが、第九条に関してはそうではなかった。しかしソ連としては、第九条は日本を非武装の下におくことによりアメリカの影響下に置くものであるゆえに好ましくないと考えた。(昭和五九[一九八四]年一〇月二三日大学院)

[★112] マッカーサーは戦争放棄条項を総司令部案の第一章に置くことまで考えたが、明治憲法との継続性という観点から天皇の章が第一章に置かれ、第二章に第九条が規定された。(昭和六〇[一九八五]年一月八日大学院)

[★113] マッカーサー・ノート第二項第三文は具体的には、日本が平和と安全を国際連合に依存することを意味した。そもそも大西洋憲章以来の発想においても、非軍事化と国際連合の設立がセットして考えられた。しかし、マッカーサー・ノート第二項第三文をもとに起草された総司令部案の前文の部分には「われらの安全と生存を、平和を愛する世界の諸国民の公正と信義に委ねようと決意した」と述べられていたが、それが日本政府に渡された後、「平和を愛する諸国民の公正と信義に信頼して、わ

れらの安全と生存を保持しようと決意した」と修正された結果、その表現では日本を非武装化しようというところまではいっていない。(昭和六〇[一九八五]年一月八日大学院)

[★114] 第九条の下でも自衛が可能であると芦田均に指摘したのは、法制局の佐藤達男であった。(昭和六〇[一九八五]年一二月一七日大学院)芦田氏は憲法公布後ほどなくしてパンフレットを出し、その中で、実は第九条において、自衛のためよんどころない場合にはその余地を開こうと考えて、そのような修正案を出したと述べている。(昭和六〇[一九八五]年一二月一〇日大学院)

[★115] マッカーサーもこの点について異論はなかったものと推測される。昭和二一[一九四六]年四月五日の対日理事会第一回総会において彼は次のように語っている。すなわち、真の平和が達成されるためには国連憲章より一歩踏み出し、戦力の問題に立ち入らなければならない。日本はこのことを憲法で定めようとしているが、世界の国々もまたこの考えをとりいれることを希望する。戦争放棄、戦力不保持ということは普遍的かつ同時的でなければならない。これはオール・オア・ナシングの問題である。このようにマッカーサーは述べて、第九条を政治的宣言(political manifesto)と考え、日本にモラル・リーダーシップをとらせようとしたのである。また、昭和二四[一九四九]年に彼は、私は一度も自衛のことを否定した憶えはない、と語っている。(昭和六〇[一九八五]年一二月一〇日大学院)

[★116] このような制定過程からいって、自衛を認める解釈も可能となった。それは憲法の変遷によるのではなく、制定過程における修正が表面化したものであるといえる。(昭和六〇[一九八五]年一月八日大学院)

[★117] マッカーサーは第九条を政治的宣言と考えた。また、英米独仏墺の各国の憲法学者に書面で第九条について意見を求めたところ、半分を少し上回る数の学者が第九条を政治的宣言であると回答した。

高柳賢三氏もその立場に立つ。しかし、日本の法的現実としては、第九条は拘束的であると国民によって考えられており、それゆえ第九条は規範性をもつ。なお衆議院において、第九条を宣言の形で書いたらどうかという提案に対し、金森大臣はそのような形の条文は日本の憲法にはなじまないと答弁している。(昭和六〇[一九八五]年一二月一〇日、一七日大学院)

29 日本国憲法の原理と制定過程（三）

ポツダム宣言は日本が基本的人権を尊重する国家となることを要求し、日本はそれを受諾した。日本国憲法において基本的人権は、国民主権および平和主義とセットとして定められており、それがこの憲法全体の狙いとなっている。これら三原理のうち最大のものは、基本的人権である。現代において基本的人権に対する最大の脅威は戦争であり、平和は基本的人権を守るために確保されなければならない。また、統治機構が基本的人権を保障するものであるためには、それが国民主権に基づき、三権が分立していなければならない。このように平和主義および国民主権は、基本的人権のための手段であるといえる。

では、日本国憲法における基本的人権の規定はどのような経過を経たのか。直接の源はポツダム宣言である。その第一〇項には「言論、宗教及ビ思想ノ自由並ニ基本的人権ノ尊重ハ確立セラレルベシ」と述べられている。基本的人権の中には言論、宗教および思想の自由も含まれるにもかかわらず、このような述べ方がなされていることには、同宣言が精神的自由を重視しつつ、とくにその中でもそれら三つの自由が確保されなければならないことを強調する狙いがあった。また、日本において基本的人権の尊重が重要な文書の中で言われたのは、これが初めてであった。基本的人権とは、沿革的には自由権であり、それに平等権が加わる。両者は一体的存在である。このほかに基本的人権には生存権(社会権)、参政権も含まれる。ただし、参政権は、基本的人権とセットとされた国民主権として表れる。

大西洋憲章(それの日本に対する適用がポツダム宣言である)には、第六項において「恐怖と欠乏からの自由」が述べられている。これは日本国憲法前文にも同様の表現として用いられているが、そもそもは、ローズベルトが演説した「四つの自由」のメッセージにおける第三および第四のものであった。第一および第二のものは言論と信仰の自由であったが、これらは古典的自由権であり言うまでもないことであったため、大西洋憲章では改めて言及されていない。「恐怖と欠乏からの自由」とは当時では斬新な表現であった。「恐怖」とは国内的にはテロであり、国際的には戦争である。そのようなものからの自由とは、身体の自由および平和のうちに生存する自由(権利)を意味する。それはポツダム宣言においても強く意識されている。次に「欠乏からの自由」とは貧しさがないことであり、生存権、社会権を指す。それゆえ、ポツダム宣言における基本的人権の中には古典的自由や平等のほかに、以上の自由および権利が含まれている。すなわち同宣言は、自由権、平等権、社会権、参政権を日本に対して求めるものであったといえる。

ところが、当時の日本では基本的人権ということがよくは理解されていなかった。戦前の文献において基本的人権に関する論文はまずないといってよく、また、日本国民が基本的人権という活字を目にすることはまずなかった。その点で福沢諭吉は偉かったと私(大友)は思う。今の一万円札にも出るほど偉い人であった。「天は人の上に人をつくらず、人の下に人をつくらず」というのはすぐれた発言であった。当時の日本では古典的な人権さえわからなかったのであるから、基本的人権の中には生存権、社会権、また平和も含まれると考えた人は絶無であった。そのため、日本側の案では基本的人権は定められていなかった。すなわち、松本案は、国民主権および平和主義と相俟って基本的人権の点でもポツダム宣言の要求からあまりに遠いゆえに、総司令部から拒否されたのである。その結果、総司令部における憲法改正案の起草という事態に至った。

総司令部が基本的人権の章を書くときに拠り所としたのは、ポツダム宣言と大西洋憲章の他にSWNCC228だけであった。しかし、SWNCC228は統治機構に重点を置いており、基本的人権に関しては(a)項第五節にただ「基本的人権を保障すること」としか書かれていない。総司令部案作成の決定がなされたのは昭和二一〔一九四六〕年二月三日であり、実際の作業は二月四日に始まり、同月一二日に終わった。正味八日間で案を書き上げるのに基本的人権について根拠となったのは、SWNCC228のその一節しかなかったのである。

しかし総司令部の民政局長、次長、および二人の課長はいずれも弁護士(lawyer)であり、そのうち三名はハーバード大学のロースクール出身であった。すなわち彼らは軍服を着た法律家であった。では、彼らはどのような考えで基本的人権の規定を書いたのか。彼らはまず、日本では基本的人権のことがよくわかっていないので憲法の中によくわかるように書こうと留意した。つまり、基本的人権は限定されたものではなく、根源的かつ広範なものであることを日本国民によくわかるよう示そうとしたのである。彼らがそのように議論した形跡はないが、そういう意識からのことであると思われる。例えば、日本国憲法第一一、一二、九七条において基本的人権は、いわば大きいもの、つまり根源的包括的なものとして書かれ、個別的存在ではないことが示されている。また、各人権規定についても、広く根源的なものとして定められている。すなわち、第一五条は議会の議員だけでなく、全ての公務員にあてはまる。第一四条一項前段も平等権が根源的に定められている。第二五条一項には生存権が根源的かつ包括的に保障されることを示しており、後段はその例示である。第一三条では自由について根源的に示されている。

また、彼らは基本的人権が内容的に保障されるのみならず、手続的にも保障されることを第三一条のデュー・プロセス条項において示そうとした[★118]。この手続的保障と結びあわせて身体の自由を意識しつつ、そのような自由が国家権力に侵されないよう厳重に規定が置かれている。一方、彼らは憲法に書くのは権利の章典であるゆえに義務は書かないこととした。さらに、それぞれの権利に限界や制限を画するような書き方はしなかった。例えば、総司令部案の第一次案では表現の自由について、名誉毀損や青少年保護にかかわる細かい制約が書かれていたが、それらは取り去られた（ボン基本法ではそれらは明文で規定されている）。ただし、公共の福祉は、基本的人権に当然あるものとして書き込まれた。アメリカ憲法にはそれは自明のこととされて書かれていないが、日本国憲法においては基本的人権の広範さゆえに念のため書き込まれた。

なお、原案では基本的人権の章は総則、自由権、社会経済権および司法上の人権という四部構成で書かれていた。しかし、総司令部案を日本政府に提示する前日遅く、彼らはこの章の並べ方は変えないが四部に分けることをやめ、解釈運用に任せることとした。

ところで、基本的人権の保障のためにはその規定だけでは足りない。彼らは基本的人権は司法権によって守られるものであり、司法権は基本的人権の砦であると考えた。アメリカ政府自体もそのような考え方であった。すなわち、SWNCC228において司法権には全く触れられていないのは、彼らアメリカ人の考え方では司法権は基本的人権の保障のためにあるとそもそも見なされているからである。"strong and independent judiciary"は基本的人権の砦であるというのが英米流の考え方である。そのため、総司令部案においても、司法権は"strong and independent"として定められた。

では、司法権が"strong"であるとはどういうことか。それは、司法権が広く大きな権限をもつということである。具体的には、裁判所は民事および刑事事件だけでなく、行政事件をも裁くということである（明治憲法下の裁判所では前二者のみ扱った）。問題の所在が法律にあると、違憲審査権によって裁判所はその法律（ひいてはそれを可決した国会）をも裁く。例えば刑法第二〇〇条の尊属殺規定は日本国憲法第一四条に基づき違憲とされた。また、同じ規定に基づき、議員定数に関して選挙法が違憲状態にあるとされている。このように、三権は分立するが、法に関する問題なかんずく基本的人権に関しては、司法権は行政権と立法権に優越する。とくに人権侵害は行政権によることが多いゆえに、行政事件が裁判所によって扱われることとなったのは当然といえる。しかし、違憲審査権にも限界がある。すなわち、違憲かどうかの判断が可能であっても国家統治の基本に関わる高度の政治性を有する問題においては、裁判所は判断を差し控える。

一方、司法権が"independent"であるという点は、日本国憲法第七六条三項に裁判官の行う裁判の独立として反映されている［★119］。この裏付けとして、第七八条に規定されているように、裁判官は身分保障に関して他の公務員とは比較にならないほど手厚い保障がある［★120］。また第七七条等に規定されているように、裁判所には自律権が強く与えられており［★121］、裁判所内部の人事も多分に自律的なものとしてなされている。

次に、とくに違憲審査権に関して少し述べておきたい。法律は国民の代表から成る国会によって制定され、法律による裁判、法律による行政が行われる。しかし、国会の法律が全て一〇〇点満点とは限らない。法律は国会の多数決で決められる。多数に対しては少数派はどういうことになるのか。個々人にとっての法律の在り方が考えられるべきである。国民の人権が侵されないことを確かなものとするためには法律もまた、独立公正な裁判所によって審査されなければならない。このように違憲審査権は国民に対する基本的人権保障の最も強い現れなのである。なお違憲とされた法律は当該事件に限り効力を有しない[★122]。

基本的人権の保障の実現のために総司令部は基本的人権の章と司法権の章に加えて、日本国憲法第一〇章にあたる最高法規の章を置いた。その章を置くことは彼らが起草のスタートから考えていたことであり、これら三つの章は一つのセットとして構想されたのである。第九八条一項では日本国憲法が最高法規であり、それに反する法令は認められないことが、憲法自体によって宣言的に述べられている。なお、同規定の英文では"shall"という表現が用いられている。

憲法の最高法規性に対する裏付けとして、次の四点が指摘される。第一に、既に述べた違憲審査権(第八一条)である。ただし司法権には限界があり、違憲審査権も万能ではない。司法権の限界の外にある問題を解決するために最高法規の諸規定が置かれている。第二の裏付けは第九七条である。そこでは憲法が基本的人権のためのものであり、それが最大のミッションであると述べられている。総司令部案起草においては、司法権を扱ったチームが最高法規の章をも扱い、第九七条は基本的人権の章に置かれていたという経緯がある。第三の裏付けは第九九条である。憲法の具体的実行は公務員によって成されるが、その彼らに憲法尊重擁護義務のあることが、ここで述べられている。他方、国民は憲法を擁護しなくともよいのか。擁護しなくてはいけない。第九七条の表現は擁護義務とは言っていないが、憲法の保障する基本的人権が国民に対し「信託された(conferred...in trust)」と述べて、内容的にその旨を表している。第四の裏付けは第九八条二項である。国際法の遵守に意を用いなければ憲法の最高法規性に傷がつく。日本は国際社会の一員であり、日本のことだけを考えてはならない。

最後に指摘しておかなければならないのは次の点である。すなわち日本が憲法に基本的人権を定め、それを司法権によって守ろうとする行き方は、法の支配(Rule of Law)を実現するものである[★123]。「ルール」の対象は何か。直接の対象としては治める者つまりGovernmentである。法が国家活動を規制し、後者は前者に義務付けられる。「ロー」とは何か。それは第一には議会の制定する法である。しかしそれだけにとどまらず、裁判手続によって審査された結果、良しとされたものが法である。すなわち、王の命令といえども裁判所によって審査されなければならない。法の支配は具体的には、行政事件もまた司法裁判所が扱うということに表れる。王の命令について争いのある場合、客観的に第三者の眼、つまり、裁判所を経なければならない。アメリカにおいては、それは違憲審査権となって現れた。議会制定法について事件性の要件が満たされた場合、裁判所によって憲法に適合するとされたものが「ルール」するのである。国民の権利の制限は法律に基づかねばならない。しかしそれに加えて、違憲審査権によってその法律が審査されるという二段構えがとられている。これが現代の法の支配の意味するところである[★124]。なお、法の支配は、法による支配（Rule by Law）とは対決するものである。後者においては「ルール」の対象が治められる者つまり国民であり、「ロー」はそのための手段を意味しているからである。

日本国憲法は明文で「法の支配」とは書いていないが、基本的人権、司法権および憲法の章の諸規定によって、法の支配が働く憲法となっている。つまり法の支配は日本国憲法の原理であるといえる。しかし一方で、司法権の限界、違憲審査権の限界を心得なければならない。限界の外にある問題は立法、行政によって解決されなければならず、裁判所が万能であってはならない。他方、裁判所はその限界内で能力が及ぶ限り積極的に動くべきである。

平和の問題が第九条という特定の条文によってのみ考えられてはならないのと同様、基本的人権の保障もまた、第八一条の違憲審査権だけでは限界があるのであり、憲法の全体が生かされることによって確かなものとされなければならない。国民主権、参政権の尊さが認識されるべきである。国民が憲法を動かすのである。

（昭和六一〔一九八六〕年一月二一日）

註

〔★118〕デュー・プロセスは歴史的に固まってきた概念であり、マグナ・カルタの時代にさかのぼる。それは初めの頃は法の支配（Rule of Law）に近い意味で使われていた。デュー・プロセスとは手続だけの問題に限られず、およそ法というものをプロセスという形相で見てそのような動態において適正でなければならないことを意味する。日本国憲法ではデュー・プロセスを規定する第三一条が身体的自由に関する諸規定の最初に置かれているので非常に重視される傾向が日本においては存在する。一方、アメリカではデュー・プロセスは列挙できないという理由で修正第一四条が最後のところに置かれている。なお、裁判を受ける権利は日本ではあまり重視されない傾向があるが、総司令部案ではデュー・プロセスと不可分のものとして扱われていた。(昭和六〇[一九八五]年一一月一二日大学院)

[★119] 裁判の独立は主として行政権に対する独立を意味するが、国会の国政調査権との関係において立法権に対する独立についても考えられる。また、司法権の内部においても裁判の独立の侵害の恐れがある。さらに、国民自身が実力行使(威力)によって裁判官に迫るようなことも司法権の独立性に支障をきたす。第七六条三項における「良心」とは第一九条における「良心」とは同じではなく、裁判官としての良心と考えることができる。英米においてそのような「良心」は「公平」の意に用いられてきた(昭和五六[一九八一]年一二月八日学部)。

[★120] 英米において裁判官は終身制がとられているが、日本では定年制が設けられ、任命制である。任期は一〇年であり、再任可能である。ただし、最高裁判事は国民審査に付される。任命は内閣によるが、下級裁判所の裁判官は実質的に最高裁によって任命される。最高裁判事を任命制とすべきか選挙制とすべきかに関して、総司令部案起草の段階で論議されたが、結局、前者が採用された。しかし、国会が任命することは政治性が伴うため、内閣の任命によることとされた。一般の裁判官の任命は最高裁の作成する名簿による。総司令部案では、裁判官一名につき候補者を少なくとも二名書くこととされていたが、それは削除された。裁判官は心身の故障か公の弾劾以外には罷免されない。(昭和五六[一九八一]年一二月八日学部)

[★121] 裁判所の自律権とは、第一に立法的側面として規則制定権であり、第二に行政的側面として人事等における自律である(明治憲法においては司法大臣が裁判官の人事権を握っていた)。第三に司法的側面として法廷秩序維持の権限である。第一の点に関連して、日本国憲法において規則と法律の優劣関係はどうなっているか。総司令部案において規則制定権は法律に勝るとも劣らない“supreme rule”として表現されていたが、それは後に削除された。法律と規則は同位のものと考えてよい。ただし、訴訟手続については、国民の権利義務に直接かかわるゆえに法律を優先させ、内部規律や司法事務処理については規則を優先させるものと考えられる。(昭和五六[一九八一]年一二月八日学部)

[★122] その際、法務省は違憲とされた法令による処理を止める。また、国会は違憲とされた法令を改正すべきである。(昭和五七[一九八二]年一一月一二日学部)

[★123] 法の支配とはイギリスにおいてまず発展し、それを下地にしてアメリカでも独自の発展を遂げてきた。日本ではアメリカ流の法の支配が採用されている。イギリスでは法とはコモン・ローを指すと考えられた。「王もまた神と法の下にある」という言葉はマグナ・カルタの時代から言われていたが、とくにジェームズ一世(James I)の時代にクック(Edward Coke)によって有名になった。コモン・ローとはイギリスの通常裁判所によって当時の慣習法の中で公正と正義を柱として法とされたもの、つまり判例法である。やがて議会主権が確立されると、議会制定法がコモン・ローより上位にあるとされ、その点で法の支配とは議会の定める法の支配という意味を帯びるようになった。一方、アメリカにおいては国民の権利を守るために憲法典が存在し、また裁判所は違憲審査権によって法律の憲法適合性を審査する。このようにアメリカでは憲法が優越する法の支配が行われている。(昭和五六[一九八一]年一二月一日学部)

[★124] 一九四八年の世界人権宣言の前文第三段には「法の支配」が述べられている。この原案はアメリ

力に拠ったが、ここにおける法の支配とはある程度意味が広げられて、より漠然としており、法による支配の意味をも排除していない。(昭和六〇[一九八五]年一月二一日大学院)

解題

大沢秀介

1　はじめに

大友一郎先生（以下、著者という）は、本書の表題が示す日本国憲法の制定過程に精通する、「他に代えがたい」専門家として名高い。読者は本書を一読することによって、著者が日本国憲法の制定過程を明らかにすることに、如何に多くの情熱と関心を寄せ続けたかを知り、驚くことになろう。本稿は、本書をより深く理解し、それを今後に活かすために必要と思われる三つの視点を取り上げ、解説しようとするものである。

❖史料としての価値

第一に、本書は日本国憲法の制定過程に関する必読の史料であると評価できる。史料評価にあたっては、一次史料と二次史料を峻別する必要があるだろう。一般に一次史料とは、現場にいた当事者が事件の生じたその時代に書いたものを指す。その基準に照らせば、往時の経験をもとに後年行われた大学での講義をまとめた本書は一次史料にはあたらないとも言える。しかし、かなりの歳月が経過してから公表された連合国総司令部の記録に拠った日本国憲法の制定過程分析よりも、その同時代性と当事者としての存在性ははるかに高いものがある。

著者は、戦後占領下で日本国憲法の改正をめぐって政府に設置された松本烝治大臣を委員長とする憲法問題調査委員会、いわゆる松本委員会の事務局の中心に位置し、その後は一九五七年に岸信介内閣の下で発足した憲法調査会の事務局を支える官僚という立場にあった。そして日本国憲法が如何なる背景の下に連合国、とりわけアメリカによって構想され、それが複雑な制定過程を経て誕生した経緯をつぶさに見聞していた。その経験を踏まえ、本書では多くの事柄が語られている。

そこで注目されるのは、著者が単に史料に基づく記録にとどまることなく、当時の国際情勢、欧米、とくにアメリカの憲法政治に関する広範な知識をもとに、日本国憲法の制定過程を評価している点である。本稿では、それらの評価の背景に存在する著者の視座についても触れてみたい。

❖憲法制定過程の理解

第二に、本書で明らかにされたいくつかの事実を前提としたとき、憲法制定過程をめぐる通説的理解に、どのような変更、あるいは新たな知見が加えられるのか、若干の説明を加えたい。憲法制定過程については、一九七八年に国立国会図書館が連合国総司令部の記録を収集しはじめ、それを順次公開したことなどにより、すでに多くのことが明らかにされている。たとえば、極東委員会が日本統治を実施する権限を行使する前に、既成事実として憲法を制定したいと考えたマッカーサーが、日本国憲法の制定を急いだことなどは、今日では多くの憲法教科書で触れられている。

しかし、なお明確でない点もある。わけても根本的な問題として議論されてきたのは、憲法改正が占領下という異常な事態の下で連合国総司令部の主導により行われたことに対する是非、そしてポツダム宣言の受諾によって天皇主権から国民主権へと変更し一種の法的革命があったとする「八月革命説」の評価である。本稿では、この二点について、当事者に最も近い場所にいた著者の提示する資料および見解を跡づけながら、見てみることにしたい。

❖近年の憲法改正論議との関係

第三点として、現在さまざまな形で提起されている憲法改正をめぐる議論を理解し、評価し、自分なりの意見を持とうとするとき、思考の材料たり得る筆者の知見を取り上げてみたい。これまで、わが国では憲法改正の議論がたびたび行われてきた。たとえば一九五二年、サンフランシスコ平和条約の発効により、わが国の占領が終了した後、制定過程に重大な瑕疵《かし》がある現行憲法（日本国憲法）は無効であるとして、憲法改正を示唆する「押しつけ憲法論」が噴出し、著者が重要な関わりをもった憲法調査会が設置されたことは、本書にも明らかなとおりである。その後、一九九〇年代にも政治家の小沢一郎などによって憲法改正が主張されたが、社会的に最も大きなインパクトを与えたと見られるのは、一九九四（平成六）年一一月三日に読売新聞が発表した憲法改正案である（現在まで三次にわたる改定が施され、同社のウェブサイトで閲覧可能：https://info.yomiuri.co.jp/media/yomiuri/feature/kaiseishian.html）。それまで新聞社は（積極性に濃淡はあれ）護憲の立場を維持するものと信じられていたなかで、日本最大の読者を有する新聞社が打ち出した試案は大きな注目を集めた。

憲法改正を求める、いわゆる改憲派の主張する論点は、基本的人権に対する義務の強調、参議院の地位・権限の変更、憲法裁判所の設置など多岐に渡るが、その焦点は天皇の地位と権限、そして平和主義と九条の関係をどのように捉えるかにある。そこで、この二つの点についても、本書で述べられていることを織り交ぜつつ瞥見したい。

2　憲法制定過程の史料としての本書の意義

❖史料としての位置

史料の価値が現場性と同時代性にあるとすれば、憲法制定過程に関する記録としては、内閣法制局第一部長としてアメリカの原案を日本語に翻訳する作業を、アメリカ側と折衝しながら行った佐藤達夫の『日本国憲法成立史(全二巻)』(有斐閣、一九六二［昭和三七］年)が重要なものといえる。ただ、その内容は、アメリカの原案の翻訳段階にとどまっており、連合国総司令部と日本政府との憲法制定をめぐる交渉の過程は明確になっていない。その交渉の過程については、松本案といわれるものが一九四六年二月三日に毎日新聞によってスクープされて以降の交渉にかかわる記録を収集し、それに解説を加えた、高柳賢三(憲法調査会会長)、田中英夫(英米法学者)、そして著者の三名を編著者とする『日本国憲法制定の過程I巻(原文と翻訳)、II巻(解説)』(有斐閣、一九七二［昭和四七］年)が詳述している。

こうした基本史料に加え、その後も憲法制定過程に関する書物は数多く公刊されている。とくに連合国総司令部の記録文書の公開以後は、それらの資料に依拠した書物も増えた。また、現場性という観点からは、ベアテ・シロタ『1945年のクリスマス』(柏書房、一九九五年)が、連合国総司令部の二月四日から一二日にかけての憲法草案起草過程を伝えていて興味深いものがある。

❖ポツダム宣言の目的、内容、背景

では、憲法制定過程をめぐる書物が多く存在する中で、本書の意義はどこにあると言えるだ

ろうか。それは、著者がポツダム宣言の内容と背景を重視していること、そこに著者のアメリカ政治、および合衆国憲法に対する深い洞察が存在していることである。そのような観点から理解されるポツダム宣言の受諾の意味を確認してみよう。

ポツダム宣言は、一九四五年七月二六日、ドイツのポツダムに参集し、第二次世界大戦の戦略と戦後政策をめぐって会談を行ったアメリカ、イギリス、中華民国（後にソヴィエトも参加）の首脳によって発出された、日本に降伏を促す文書である。ポツダム宣言は、六項から一三項において連合国の求める降伏条件を明らかにしている。その内容は、六項で日本国民を欺《あざむ》き世界征服の企てへと導いた人々の権力と影響力は永遠に除去されなければならない、ときわめて厳しい要求を突きつける反面、一〇項では連合国は日本国民を人種として奴隷化したり、民族国家として滅亡させることを意図していないと断言するなど、緩やかな条件を提示しているとも読めるところがあった。その意味で、まずポツダム宣言の意図がどこにあったのかが問題となる。

著者は、ポツダム宣言の最大のねらいが日本の国家改造にあったことを指摘し、その柱となるのが平和主義、国民主権、および基本的人権だったと述べる。ポツダム宣言が国家改造のプログラムであるとすれば、それには連合国の構想する国家像と終戦前までわが国でとられてきた国家像の相違を明らかにし、新たな国家像の目的、およびその目的実現の方法を日本政府に理解できるような形で提供する必要がある。この点について著者は、ポツダム宣言に付けられた条件を、目的としての条件と方法としての条件とに分けて説明を加える。

前者としては、平和主義に関して六項（軍国主義の駆逐）、七項（日本の戦争遂行能力の破砕）、一一項（再軍備ための産業の否定）、一二項（平和的傾向を有する政府の樹立）があげられ、国民主権について一二項（責任ある政府の樹立）が指摘され、基本的人権についてその尊重を説く一〇項があげられる。また方法的な条件として、目的達成のため連合国軍の占領下におかれること（一〇項）および日本国民の自由に表明する意思により行うこと（一二項）があげられる。

ポツダム宣言に盛り込まれた国家改造のプログラムは、連合国の主体であったアメリカで、すでに太平洋戦争開戦後の一九四二年一一月頃から国務省などを中心に検討が開始され、さらに一九四四年一二月に設置された国務省・陸軍省・海軍省の三省調整委員会（The State-War-Navy Coordinating Committee、以下「SWNCC」という）が「日本の敗北後における本土占領軍の国家的構成」などの文書を作成し、対日戦後処理の基本政策を構築していた。問題は、このような基本政策の構築がどのような発想に基づいていたのかである。

この点について、著者は以下のように説明する。連合国の戦後処理政策は、第一次大戦後の戦後処理政策の反省の上に構築された。第一次大戦後にめざされた目的は、基本的人権、国民主権、平和主義ないしそれを実現するための国際機構（国際連盟）の樹立というものであった。しかし、それらは平和主義を実現する国際連盟の例に示されるように、これまでにない「戦争のない国際社会」という壮大な目的を実現する方法としては不十分、不安定なものであったために、もろくも失敗に終わった。第二次大戦に対する連合国の戦後処理政策は、一九四一年八月に調印された大西洋憲章で第一次大戦後に掲げられた目的を再確認する一方、目的を具体化する方法として強力な手段である国家改造を行う必要があるという認識をとるものであった。

❖ローズベルトの戦後処理政策

このような連合国の戦後処理政策は、連合国の中でアメリカ、さらにいえばフランクリン・ローズベルト大統領の発想に由来するものであった。ローズベルトの大統領の任期は、一九三三年三月四日から四期一二年に及んだ。第一期目は、アメリカの福祉国家化を推進するニューディール政策を、立法化することによって積極的に実施する姿勢を示していたが、一九三七年の再選後は労働組合運動の激化、人種問題の表面化、保守派議員の巻き返しなどにより、その実現が困難となり、それに伴ってローズベルトの関心は外交政策に移る。著者によれば、その端緒は一九三七年一〇月の防疫演説(Quarantine Speech)にあるとされる。この演説でローズベルトは、当時の枢軸国の武力侵略を疫病になぞらえ、世界平和のため日独伊という疫病をまき散らす患者の隔離が必要であるとして、平和への強い希求とその実現を主張した。平和を主張しながら戦争への参加を示唆する内容はある意味で矛盾しており、評判は芳しいものではなかったが、それは著者のいう世界的な平和の実現と国際協調の必要性を説くものであった。

もっとも、ローズベルトの戦後処理構想の具体的内容は、一九四〇年の三選後に本格的に展開されることになる。まず大きな目的に関して、ローズベルトは、一九四一年一月に議会に宛てた「四つの自由」(Four Freedoms)演説の中で、言論・表現の自由、信教の自由、欠乏からの自由(すべての国家において国民が健康で平和な生活を送ることが確保されること)、恐怖からの自由(いかなる国家も隣国に物理的侵略を行うことのできない地位におかれるように世界的に軍備を縮小すること)という四つの自由を、世界が依拠すべき根本的な自由であると述べ、アメリカがそれまでとってきた戦争に対する中立性を放棄する必要性を説いた。

そこでは参戦の是非ではなく、根本的な自由の擁護のための中立性の放棄が強調された。著者は、この四つの自由のうち、欠乏からの自由は生存権、社会権を意味し、日本国憲法二五条の規定となって現れていると指摘する。また、恐怖からの自由は、日本国憲法前文の「平和のうちにおいて生存する権利」として現れているという。さらに、一九四一年八月にローズベルトがイギリス首相チャーチルとともに発表した、連合国の戦後処理策を明らかにした大西洋憲章(Atlantic Charter)の中でも、四つの自由は基本的な目的として確認されている。

大西洋憲章は目的を達成する方法を具体的に示すという特色を有していた。そこでは、ナチの専制を最終的に破壊し、すべての国家がそれぞれの領土内で安全に生存しうるような平和が確立されることを求め(六条)、侵略国を武装解除した後に永続的な平和のための国際機構の樹立が必要としている(八条)。徹底的なナチスなどの侵略国の国家改造の必要性が求められていた。このような国家改造の必要性は、すでに一九四〇年一二月の「国家の安全保障について」

と題するローズベルトの炉端談話の中でも、ナチスの破壊なしに平和を維持できないことが示唆されている。

❖戦後処理政策と憲法改正へのかかわり

著者は、このような過程を経てローズベルトの戦後処理政策の発想が具体的に結実し、さらにそれが一九四二年一月の連合国共同宣言となって現れることになったとする。そして、そこでの連合国“United Nations”とは、ローズベルト自身が合衆国“United Nations”から連想して言い出した言葉であると述べる。ローズベルトの頭の中には、そのときイギリスに対するアメリカの独立宣言に書かれた“United States”という文言が浮かんでいたのかもしれない。また、著者はローズベルトが戦後処理の方法として無条件降伏方式をとった背景として、リンカーンによる南北戦争の戦後処理から発想を得たとしている。こうした発想は、著者のアメリカ憲政史への深い理解を背景としている。

なにより、日本の戦後処理政策が、グローバルな平和主義の樹立という大きな目的のために、それを維持する国際機構の創設、国民主権、基本的人権という目的、そして具体的な手段としての無条件降伏方式による国家改造という形で、アメリカの第二次大戦参戦以前から、ローズベルトによって構築されていたという指摘は、日本国憲法の制定を考える上で重要である。

連合国総司令部による憲法制定への関与が、そうした背景があってであった事実を、著者が明らかにしようとしているからである。著者は、一連の全体的理解の下、日本国憲法の制定過程を理解しようとしており、そのことはこれまでの制定過程をめぐるわが国の議論に異なる観点を与えるものとなっている。

3 憲法制定過程をめぐる論点との関係

❖憲法制定過程のストーリーと二つの問題

日本国憲法制定の経緯については、よく知られた一連の事件のつながりが存在し、おおよそ五つの時期に分けられる。第一期は、日本政府に対して憲法改正の指示がなされた時期である。この時期は、ポツダム宣言に含まれる国民主権、基本的人権、平和主義という目的条件をみたす憲法改正が、公爵・近衛文麿、そして幣原喜重郎首相に指示され、憲法改正を間接的に行う手段がとられた。占領が間接統治方式を採用していたことの反映である。著者によれば、そのため政治家、学者、新聞も憲法改正は占領軍の「示唆」にすぎず、「指示」ではないと考え、憲法改正に受動的な姿勢が生まれることになった。

第二期は、日本政府による憲法改正作業が幣原内閣に一本化されていた時期である。幣原内閣は松本委員会を設けたが、著者によれば、委員会は憲法改正を目指すのではなく、明治憲法の問題点の調査を総司令部と連絡を取ることもなく行っていた。しかし、「自由の指令」「財閥解体」、「農地解放」と矢継ぎ早で徹底的な総司令部による社会経済改革、「自由の指令」をきっかけとした世論や政党の改憲気運の高まり、アメリカでの昭和天皇の処遇論の尖鋭化とマッカーサーによる近衛との関係否認声明などによって、政府はいわゆる松本四原則にしたがって松本案を作成し、日本側の草案とした。それは「(松本四原則は)ポツダム宣言によって主権の転換が求められてはおらず、同宣言に対する日本政府の申し入れによってこの考え方が容認されている、と日本政府が考えていたことの表れ」であった。一方、総司令部は国民主権を打ち出した憲法研究会案に注目して検討を進めていたという。

第三期は、完成した松本案が二月一日に毎日新聞によってスクープされ、その保守性に驚いた総司令部が民政局に指示して極秘裏に憲法改正作業に乗り出し、総司令部案を完成させた時期である。総司令部が乗り出した理由は、総司令部内の検討によりアメリカが日本の統治機構に憲法上の改革を加え得るとすれば、その期間は二月二六日に極東委員会が活動を始めるまでのごく短期間であると判断されたこと、および松本案の評判があまりにも良くなかったためであった。

自ら起草に乗り出した総司令部が土台にしたのは、天皇と自衛の問題を中心とするマッカーサー・ノートの他、一九四六年一月に本国発出の「日本の統治体制の改革」と題されたSWNCC228号文書（以下、「SWNCC228」という）と、民政局課長ラウエルの作成した基本的人権にかかわる二つのペーパーであり、これらが存在したために総司令部案が約一週間という短期間のうちに完成をみたという。また、総司令部案の作成が民政局のスタッフであるアメリカの法律実務家たちによって担われたため、ワイマール憲法の二の舞をさけるべく、実際に働きうる（workable）憲法となることが志向されたからとされる。その姿勢は、文言の形式にこだわる日本側とは対照的なものであった。

第四期は、総司令部案が日本政府に提示され、それに対応する動きが見られた時期である。総司令部案は一九四六年二月一三日、日本政府出席者との会談で提示された。「押しつけ憲法論」は、この会談での総司令部側の言動に関して、後に会談に出席した松本大臣が日記に記した、日本政府が総司令部案を受け入れないなら昭和天皇の身体の保障はできないという部分を最重要の根拠とする。しかし、この見方に著者は懐疑的である。「押しつけ憲法論」が、その証拠とする、総司令部側の発言を昭和天皇の戦犯問題と絡めた恫喝と理解した松本大臣の発言に対し、著者は自ら当事者たちと対面して、会談出席者のいずれもが天皇の身体を保障しないという発言を記憶していないことを明らかにしている。その上で、むしろ総司令部側が、最高司令官が昭和天皇を戦争犯罪人として取り調べよとする他国からの圧力を防ごうとしており、そのためには総司令部案の受け入れが重要であるという趣旨の発言を行ったとする。こうした理解は、ポツダム宣言が日本政府および天皇の存続を容認していたという著者の見方と関係しており、マッカーサーが感銘を受けたとされる昭和天皇との会談を想起すると説得力を増す。

いずれにせよ従来の脅迫説は維持しがたいように思われる。

また、総司令部案を受け入れた後の日本政府の動きが鈍かったことも重要である。政府は、二月二二日にようやく閣議を開き、総司令部案を基本的に受け入れつつ、できる限り日本側の考えを盛り込んだ案を作成することに決定し、二五日にいたってようやく総司令部案の翻訳文が閣議で配布されることになった。著者の言うように、この過程は「いかにもスローな作業」であった。結果論的にいえば、総司令部が極東委員会の存在を意識して改正案の提出を急ぐよう求めたため、日本政府は三月二日にとりあえず完成した案(三月二日案と呼ばれる)を三月四日に総司令部に提出せざるを得なくなり、日本に有利な案を作成する時間的余裕を失い、総司令部のペースでの改正作業を許すことになった。それは、日本政府が二月一三日のアメリカ側の発言を、意味のある脅威とは受け取っていなかったことを示唆している。

日本政府の緩慢な対応は、ポツダム宣言一二項について、松本大臣が一貫して憲法問題は日本政府に委ねられているという誤った解釈をとり、閣議をリードしたためであり、同項を国民主権の意味に解する総司令部との間に、抜き差しならぬ対立関係を招いた結果であると著者は指摘する。このような理解もまた、これまでの総司令部による恫喝論の重要性を下げることになろう。

第五期は、日本政府による「憲法改正草案要綱」の国民に対する発表(三月六日)、衆議院議員総選挙(四月一〇日)、憲法議会における審議という時期である。著者は、憲法改正草案要綱はSWNCC228を基礎に作成されたものであり、国民は二月一日にスクープされた松本案との相違に驚きつつ、総司令部の影響と感じつつ好感を持ったと述べる。また総選挙については、総司令部および日本政府とともに、新憲法に対する国民の信を問うものと位置づけ、その結果、議員の構成が一新されて開かれた憲法議会での審議について、「議会において最も議論されたのは、改正案において国体が変わったのかということであり、次いで第九条の問題であった」とした。このことは、憲法議会での九条に対する芦田修正や、総司令部の指示に基づき第一条の「国民至高の総意」という文言が「主権の存する日本国民の総意」に変更されるなどの結果をもたらした。

こうした諸時期を経て、日本国憲法は、明治憲法七三条の改正手続に従って帝国議会での審議、枢密院への諮詢《しじゅん》、天皇の裁可を経て、一九四六年一一月三日に公布され、一九四七年五月三日に施行されることとなった。

❖「押しつけ憲法論」の前提理解

「押しつけ憲法論」は、日本国憲法成立の経緯をめぐって最も議論となる論点であるが、それを論じる際に留意しておくべき点が二つある。第一に、ポツダム宣言の発出から日本の占領が開始される時期の国際情勢である。一九四五年五月七日にドイツが無条件降伏した後、連合国にとって残る交戦国は日本だけとなり、第二次大戦は終息に向かっていた。また、ローズベルト大統領の発想に基づいて構築されたアメリカの戦後占領政策における国家改造という方法の条件が、当事者たるローズベルトの死去(一九四五年四月一二日)によって、実際の占領時までに緩和のきざしを見せていたということである。

第二に、マッカーサー草案が提示されるまでのわが国での憲法改正論議は、それまでの国内的常識の枠を踏み出ることなく、むしろそれによって拘束されていた。そこから脱却し、国際的な政治動向を理解した上で憲法改正を論じることは困難であったということである。その明らかな例証として、当時の学界の中心に位置し、また法曹界で有力な弁護士でもあった松本烝治委員長の憲法改正試案が、わが国で固守されてきた国体の護持という前提によって強く制約されていたことがあげられよう。こうした制約は、ポツダム宣言に見られる国際情勢の大きな潮流によって国内の常識にない新たな状況が生じたとき、適切な対応を著しく困難とした。

では、「押しつけ憲法論」について、私たちはどのように考えるべきなのだろうか。「押しつけ憲法論」には種類があり、「憲法改正については無限界であるものの、日本国憲法は占領下のものであるから占領後は無効となる」とするもの、「改正には限界がありそれを超えているが故に無効である」とするものがある。ただ、いずれも憲法改正を無効とするという共通点をもつ。また、いずれの考えも「制定手続が異常であり、国際法上問題がある」との事由に依拠するところが大きい。具体的には、マッカーサー草案の提示とそれに続く憲法草案の成立過程が異常で、自主性が存在しなかったことと、占領下における占領軍の圧力の下で行われた憲法改正は「占領者は絶対的支障なき限り占領地の現行法律を尊重すべし」とするハーグ陸戦法規四三条に違反しているということになる。

まず、憲法草案の成立過程が異常であったという点をどう考えるのか。前述の通り、二月一三日の会談でアメリカ側から恫喝的発言があったと日本政府側が考えていたようには思われない。著者によれば、憲法調査会の設置自体が、松本元大臣の日記や占領後の憲法問題を論じる自由党の会合での松本元大臣の発言の真相を明らかにすることにあり、その調査の結果、松本元大臣の言うような「恫喝的発言」の存在は確認できなかった。さらに著者は、「押しつけ憲法論」の論拠を弱めるもう一つの事情の存在も指摘する。それは、二月一三日の会談から同一九日の閣議までの空白の一週間における松本大臣の総司令部に対する抵抗が与えた影響である。この間、松本大臣は終戦連絡事務局次長の白洲次郎を派遣し、松本案と総司令部案の目的は同一であり、ただ到達の仕方がエアー・ウェイかジープ・ウェイかの違いにすぎないと言わしめ、ホイットニーからけんもほろろの返書を受け取っていた。にもかかわらず、松本大臣は二月一八日、憲法をよくわからない軍人に再度説明が必要として白洲を通じ総司令部に書面を提出し、すでに否認された松本案の再説明書を読む余地は全くないとホイットニーに拒否されたという一連の事情である。著者によれば、この成果の見込めない抵抗が、総司令部から総司令部案の受入れの可否を四八時間以内に返答するように、との言い渡しを引き出してしまったとされる。

無論、このような説明だけで、日本政府が自主性を欠いたまま憲法改正の過程が進められたとの疑念を完全に払拭することは出来まい。大なり小なり占領者から被占領者が感ずる圧迫（恫喝）はあり、かつ憲法改正のため日本政府に与えられた時間は少なかったこともまた事実だからである。そもそも憲法改正作業が占領下で行われていたこと自体、日本側に裁量の余地が少なかったといえよう。ただ、恫喝があったということによって、日本政府、とりわけ松本大臣の判断が拘束されていたわけではない。いずれの結論を採るにせよ、その結論はこの交渉の過程を明らかにしている本書を読了してから判断されるべきであろう。

つぎに、改憲論の立場から持ち出される、占領軍の圧力の下で行われた憲法改正は、「国ノ権力カ事実上占領者ノ手ニ移リタル上ハ、占領者ハ、絶対的ノ支障ナキ限、占領地ノ現行法律ヲ尊重」すべき、とするハーグ陸戦法規四三条に反するか否かについて、著者の見解は明快である。すなわち、ハーグ陸戦法規による占領とポツダム宣言による占領とでは、その性質、目的、性格は異なる。ポツダム宣言は日本と連合国の合意によるものであり、それに基づく占領は休戦や停戦前ではなく日本が降伏して戦争が終結した後に行われ、占領の目的は連合国の戦後処理政策に基づく戦争のない国際社会の実現のために日本国家の改造をめざすものであるから、これまでにない新しい型の占領である。さらに、占領の性格も、連合国が共同して日本を単一不可分のものとしてなされるものであり、従来見られなかったものである、というのである。

❖「八月革命説」と著者の見解

憲法改正過程をめぐるもう一つの大きな争点は、日本国憲法制定の法理として通説化している「八月革命説」をどのように評価するか、ということである。「八月革命説」は、憲法改正には限界があり、天皇主権から国民主権へ主権原理を変更する改正は法的に不可能である、との説に立つ。むしろポツダム宣言の受諾によって法的な革命が行われることで、国民主権による日本国憲法の制定が可能となったのであり、明治憲法の改正手続がとられたのは形式上のことにすぎない、というものである。この「八月革命説」に対し、著者は日本国憲法の原理の定立は債権的に行われたのであり、物権的事象ではなかったとしている。その意味するところについて、著者の論文「日本国憲法が、天皇による帝国憲法の改正とされつつ、日本国民によって制定され成立したことについて」(『日本大学法学部創立百周年記念論文集(第一巻)』(日本大学法学部、一九八九[平成元]年)二七七頁)などを参照しつつ、解釈を進めよう。

著者は、天皇主権から国民主権への転換は二段階でなされたと考える。第一段階では、国際間の行為として日本が国民主権国家となることを求めるポツダム宣言が発出され、天皇を頂点とする日本政府がそれを受諾、天皇主権からの転換を天皇が決定した。第二段階は、ポツダム宣言に対する日本政府の申し入れを受けた連合国の、八月一一日付回答を端緒にしている。連合国の回答は二項からなり、二項は「日本国ノ最終的政治形態ハ、ポツダム宣言ニ従ヒ、日本国民ノ自由ニ表明スル意思ニヨッテ決定サレル」というものであった。

連合国は、一項によって憲法典の制定について当面国家統治の権限をもつ天皇および日本政府が行うことを認め、二項で最終的政治形態、すなわち国家の根本的なあり方は国民主権に基づき、国民の自由に表明される意思によってなされることを求めていた、と著者は理解する。その上で両者を結びつけ、結果的に天皇および政府が、「国家統治の権限をもって存立しつつ、国民による国民主権への改革を実現するために必要なことを行わなければならない」義務を有することになったとするのである。

筆者は日本国憲法制定の法理について、「日本国憲法は、一面において、天皇による帝国憲法の広い意味での改正とされつつ、一面において、日本国民によって制定されたものであり、つながって一体を成すこの二つの面をもって成立したものである」と述べる。このような説明は、憲法改正が国民による国民主権への改革を実現する形で行われたという意味で、その正当性の根拠に触れるものともいえるが、著者の枠組みの中では、そもそもポツダム宣言自体が、国際的な平和主義の実現を求め、国民主権、基本的人権を求める潮流の中で行われた日本の国家改造であったという観点から、日本国憲法の制定が正当化されることになるのだろう。

4 憲法改正と二つの論点

憲法改正論は、これまでもしばしば具体的な形を取ってきた。近年では各政党、各新聞社からも様々な憲法改正案が提案され、二〇〇七年には国会で「日本国憲法の改正手続に関する法律」が制定された。また、国会法一〇二条の六により、各議院に「日本国憲法および日本国憲法に密接に関連する基本法制について広範かつ総合的に調査を行い、憲法改正原案、日本国憲法に係る憲法改正の発議又は国民投票に関する法律案等を審査する」憲法審査会が設けられ、活動を開始している。そのような憲法改正の動きの中で、憲法の制定過程以来、一貫して存在する改正の焦点は、天皇と九条ないし平和主義にかかわる問題であろう。次に、それらについても本書から得られるところを、著者の見解を踏まえて瞥見することにしたい。

❖天皇のあり方

敗戦後の天皇のあり方は、日本政府がポツダム宣言を受諾するか否かの決定的要因であった。それが、ポツダム宣言に対する日本政府の申し入れ(「天皇ノ国家統治ノ大権ヲ変更スルノ要求ヲ包含シ居ラサズコトノ了解ノ下ニ受諾ス」)になったことはよく知られている。日本政府は、その後も松本大臣を中心に天皇の大権を維持したまま憲法改正を行おうと総司令部側と幾度となく交渉を行った。

アメリカ政府内では、一九四五年七月の段階ですでに天皇制に関する検討が開始され、これをポツダム宣言に含めるか否かの対立もあった。最終的に明記はされなかったが、その理由は、ポツダム会談を前に徐々に顕在化する冷戦の下、原爆実験に成功したアメリカがソ連への同調の働きかけを不要と判断したためであった。ただ、たとえ明文化されなくとも、ポツダム宣言が天皇主権をとる明治憲法下の日本国家のあり方を改造しようとするものである以上、天皇のあり方を根本的に変えることは当然とアメリカ政府内では考えられていた。

連合国からの回答を受けた後も、日本政府内ではポツダム宣言では天皇大権の維持が明確化されていないとの意見が強く、八月一四日の御前会議で天皇が、あちらの回答はこちらのことを相当好意的に考えていてくれるように思われる、と発言するまで保留された。ポツダム宣言受諾の結果、日本という国家は存続することになり、その改造は軍を排除し天皇および日本政府を通して実行されることが求められたのである。著者によれば、マッカーサーが憲法改正の指令を近衛と幣原という二つの異なるルートに与えていたことは、国家の改造が天皇を通しても行われることの表れであった。しかし、アメリカ国内で天皇の戦争責任を問う声が大きくなったため、マッカーサーは近衛を切り、改正作業を幣原内閣に一本化することを決断する。

紆余曲折を経て、総司令部が自ら憲法改正作業に乗り出すことになった際、統治機構のあり方は一九四六年一月一一日にマッカーサー宛に送付された「日本の統治体制の変革（SWNCC228）」と、それを踏まえて出された二月三日のマッカーサー・ノートに規定された。SWNCC228では天皇制の存置撤廃はマッカーサーの判断に委ねられ、マッカーサーは存置の決断をした上、マッカーサー・ノートでも天皇は「元首の地位にある」とした。もっとも元首の地位とはいえ、SWNCC228などが対比していたイギリス国王の場合などとは異なり、総司令部案で天皇は国事行為という形式的儀礼的な活動を行うものとされた。日本国憲法で行政権は内閣に移ることになり、統治機構との関係で天皇の相対的地位は内閣より引き下げられていた。総司令部案はそれを、天皇は日本人の心の中心であり象徴である、と表現したが、著者によれば「象徴」という言葉は、一九三一年に旧大英帝国と植民地の関係を再規定したウェストミンスター条例などを参考にしたものではなく、総司令部内で自然と使われるようになったものであったという。

このようにポツダム宣言は、連合国によるドイツの分割占領のように国家そのものの壊滅を企図したものではなく、日本の国家改造を天皇および日本政府を通じて実行させることを暗黙の前提としていたことから、天皇の位置付けが問題とされることになった。天皇を統治機構上どう位置づけるかは、イギリスと同様に議院内閣制との関係で考慮されたが、それはあくまで総司令部案作成の段階ばかりではなくSWNCC228を含め、大西洋憲章に始まるアメリカの戦後占領政策の要に位置する国民主権との関係で捉えられていた、と著者は指摘する。このような営みを理解せず、国民主権に反発し強い抵抗を示した松本大臣をはじめとする日本側と総司令部の間には深い溝が存在した。そのギャップの内容と、それがもたらした帰結は、日本国憲法制定の過程の特色を浮き立たせるものであり、本書が大きな意味を持つところである。

❖平和主義そして九条

最後に、平和主義ないし九条について触れておきたい。第二次大戦は過酷な戦争であった。日本の戦死者は二三〇万人にのぼり、そのうち六割を餓死者が占めたといわれる。天皇主権から国民主権への転換については国民の間に抵抗やためらいも見られたが、戦争を強く忌避する国民の心情のためか、憲法制定過程で平和主義に関する反対は見られなかった。平和主義とは、戦争のない状態での生活の実現や維持をめざす主義であり、それは日本国憲法の中に明文化されることになった。著者の言うように、憲法前文三段は日本が国際社会に存在することの自覚を明らかにし、国際社会のルールの遵守は九八条二項に示され、国際紛争が生じた場合には平和的手段による解決が九条一項により求められ、同二項は軍備の縮小を求めているとされる。

このように国際紛争への対応を前提にした見方をとると、九条二項の戦力の不保持は戦力の禁止ではなく、制限であると読むこともできる。実際、マッカーサー・ノートでは自衛のための戦争もできないとされ、総司令部案でも無抵抗ではないが非武装であるとされていたものが、九条二項に「前項の目的を達するため」という文言を付加するいわゆる芦田修正が総司令部によって許容されることによって、将来的に自衛力を有する解釈が引き出しうることになった、と著者も述べている。もっとも、著者は、九条の解釈を超え、日本国憲法における平和主義と国民主権および基本的人権は一つのセットでとらえられるべきであると言う。そして「現代において基本的人権に対する最大の脅威は戦争である。基本的人権が平和の必須条件であることを示す顕著な例は、表現及び言論の自由である。それが失われれば他の人権も損なわれるだけではなく、平和もまた揺り動かされる」という平和を重視する立場を明らかにする。実体験として戦争の災禍をくぐり抜けてきた人の発する「われわれの最大のおそれは戦争である。日本国憲法は戦争をなくすことを目的として構成されていることを覚えておかねばならない」という言葉を、いま私たちは如何に聞くべきであろうか。著者はいう。「私（大友）も、戦争さえなければあとは何でもがまんするとさえ感じた」と。

著者の平和への愛着は、本書がポツダム宣言の始原にまで遡って語られることと不可分の関係にある。そこでは日本国憲法の制定が、平和主義とそのための国際機構の樹立という国際的潮流の中で生じた歴史的事象としてとらえられている。と同時に、そうした国際的な平和主義へ向かう流れのとらえ方、描き方は、すなわち自身が生きた時代に起こった重要な出来事に真摯《しん》《し》に向き合い、その出来事を同時代人として次の世代に伝えようとする責任感の表れでもある。本書を読むことで、読者は著者・大友先生が後世の人々に送った心からのメッセージを受け取ることになるだろう。

（慶應義塾大学法学部教授）

【ナ行】

【ハ行】

【マ行】

【ヤ行】

【ラ行】

主要人名索引

【ア行】

【カ行】

【サ行】

【タ行】

【ナ行】

【ハ行】

【サ行】

【タ行】

主要事項索引

国民の基本的意思に応えるものとする。

2

国権の発動たる戦争は、廃止する。日本は、紛争解決のための手段としての戦争、さらに自己の安全を保持するための手段としての戦争をも、放棄する。日本は、その防衛と保護を、今や世界を動かしつつある崇高な理想に委ねる。

日本が陸海空軍をもつ権能は、将来も与えられることはなく、交戦権が日本軍に与えられることもない。

3

日本の封建制度は廃止される。

貴族の権利は、皇族を除き、現在生存する者一代以上には及ばない。

華族の地位は、今後はどのような国民的または市民的な政治権力も伴うものではない。

予算の型は、イギリスの制度にならうこと。

5．内閣は、天皇に助言を与え、天皇を補佐するものとすること

6．一切の皇室収入は、国庫に繰り入れられ、皇室費は、毎年の予算の中で、立法府によつて承認さるべきものとすること

最高司令官がさきに列挙した諸改革の実施を日本政府に命令するのは、最後の手段としての場合に限られなければならない。というのは、前記諸改革が連合国によつて強要されたものであることを日本国民が知れば、日本国民が将来ともそれらを受け容れ、支持する機能性は著しくうすれるであろうからである。日本における軍部支配の復活を防止するために行なう政治的改革の効果は、この計画の全体を日本国民が受け容れるか否かによつて、大きく左右されるのである。日本政府の改革に関する連合国の政策を実施する場合、連合国最高司令官は、前記の諸改革による日本における代表民主制の強化が永続することを確保するために、日本国民がこの変革を受け容れ易いようにする方法を考慮するとともに、変革の順序と時期の問題をも考慮しなければならない。

本文書は、公表されてはならない。日本政府の改革に関する連合国の政策について声明を発表する場合には、日本側自体における前記諸改革の完遂を妨げぬよう、連合国最高司令官との連絡協議がなされなければならない。

❖最高司令官から憲法改正の「必須要件」として示された3つの基本的な点（マッカーサー・ノート）

1

天皇は国の元首の地位にある。

皇位は世襲される。

天皇の職務および権能は、憲法に基づき行使され、憲法に示された

法上この制度〔の弊害〕に対する安全装置を設ける必要がないことは明らかだが、〔その場合にも〕最高司令官は、日本政府に対し、憲法が上記（a）に列記された目的に合致し、かつ次のような規定を含むものに改正されるべきことについて、注意を喚起しなければならない。

1．国民を代表する立法府の承認した立法措置——憲法改正を含む——に関しては、政府の他のいかなる機関も、暫定的拒否権を有するにすぎないとすること、また立法府は財政上の措置に関し、専権を有するものとすること

2．国務大臣ないし閣僚は、いかなる場合にも文民でなければならないとすること

3．立法府は、その欲するときに会議を開きうるものとすること

（d）日本人が、天皇制を廃止するか、あるいはより民主主義的な方向にそれを改革することを、奨励支持しなければならない。しかし、日本人が天皇制を維持すると決定したときは、最高司令官は、日本政府当局に対し、前記の（a）および（c）で列挙したもののほか、次に掲げる安全装置が必要なことについても、注意を喚起しなければならない。

1．国民を代表する立法府の助言と同意に基づいて選任される国務大臣が、立法府に対し連帯して責任を負う内閣を構成すること

2．内閣は、国民を代表する立法府の信任を失つたときは、辞職するか選挙民に訴えるかのいずれかをとらなければならないこと

3．天皇は、一切の重要事項につき、内閣の助言にもとづいてのみ行動するものとすること

4．天皇は、憲法第1章中の第11条、第12条、第13条および第14条に規定されているような、軍事に関する権能を、すべて剥奪されること

❖ SWNCC〔国務・陸軍・海軍三省調整委員会〕-228
「日本の統治体制の改革」

1946年1月7日、SWNCCにより承認
同 1月11日、合衆国太平洋軍総司令官に「情報」として送附

結論

（a）最高司令官は、日本政府当局に対し、日本の統治体制が次のような一般的な目的を達成するように改革さるべきことについて、注意を喚起しなければならない。

1．選挙権を広い範囲で認め、選挙民に対し責任を負う政府を樹立すること

2．政府の行政府の権威は、選挙民に由来するものとし、行政府は、選挙民または国民を完全に代表する立法府に対し責任を負うものとすること

3．立法府は、選挙民を完全に代表するものであり、予算のどの項目についても、これを減額し、増額し、もしくは削除し、または新項目を提案する権限を、完全な形で有するものであること

4．予算は、立法府の明示的な同意がなければ成立しないものとすること

5．日本臣民および日本の統治権の及ぶ範囲内にあるすべての人に対し、基本的人権を保障すること

6．都道府県の職員は、できる限り多数を、民選するかまたはその地方庁で任命するものとすること

7．日本国民が、その自由意思を表明しうる方法で、憲法改正または憲法を起草し、採択すること

（b）日本における最終的な政治形態は、日本国民が自由に表明した意思によつて決定さるべきものであるが、天皇制を現在の形態で維持することは、前述の一般的な目的に合致しないと考えられる。

（c）日本国民が天皇制は維持さるべきでないと決定したときは、憲

もしくは市町村が、その選挙民もしくは選挙民の代表者の意思表示によつてこの立法を認めた場合に限らるべきこと

（2）各都道府県または市町村等に、代議制的な自治組織を保障すること。なかんずく、次の二つのことが実現されねばならない。

（a）公選による議会を置き、以下の事項をその専権に属せしめること。すなわち、課税、金銭の借入れ、当該自治体の職員の俸給を定め、支出を承認すること。その地方の利益に供するため、財産または将来取得すべき財産を買入れ、賃貸し、改良し、賃借し、または抵当権を設定もしくは処分すること。専らその地方の利益に供される公益事業の営業権を取得し、賃貸し、運営し、または合理的な期間（例えば40年）を超えない期間営業権を供与すること。ただしこのような営業権を他に供与したときには、公の機関がその公益事業の料率を規制する権限を留保しておくべきである。一切の立法は、この議会の専権に属さしむべきであり、立法権の委任は許されないものとすること。

（b）都道府県知事、市町村長、税務事務所長、収入役などの主要な行政官を公選とすること

（3）中央政府は、憲法上認められた弾劾または裁判手続によるのでなければ、適法に選挙されて地方の公職に就いた者を罷免したり、その者が法律上認められた権限を行使することを抑制したりすることは、できないものとすること

（4）国民に、選挙されて公職に就いた者をリコールによつて罷免する権利を保障すること

c　検察官の公選制をとるべきか否かについては、目下のところなんの提案も行なわない。

d　警察力の地方分権化という問題についても、目下のところなんの提案も行なわない。

附属文書　C

地方に責任を分与すること

1．事実

a　現在の日本の統治は、極端な中央集権制をとつている。中央政府は、警察組織をすみずみまで支配する内務省を通じ、国民一人一人の日常生活を支配しているというのが、実情である。法律の規定上は、地方行政につきある程度の独立が認められ、また地方自治体についても代議制が認められている。〔しかし〕実際には、市町村の公職の候補者として望ましい者は誰かということが中央政府によつて指示され、警察組織を動かしてこのような候補者の当選が確保される。そして、当選して公職に就いた者が中央政府の意向に従わないと、都道府県知事がこれを罷免しうるのである。

b　占領目的の達成のためには、地方に責任を分与することを促進し、地方選挙を行ない、地方の諸機関中存続を許さるべきものは何かを定め、かつ封建的傾向を修正し民主的傾向を強化するような変更を支援することが、必要である。

2．説明

a　権限を市町村および都道府県に委譲して地方分権化することは、民主的傾向を強化し、地方への責任の分与を促進するのに大いに貢献するであろう。

b　前述のように、最も恒久的な変革は、その基本原則を憲法に盛り込むことによつて達成されるであろう。

3．提案

a　憲法が改正される際には、都道府県および市町村に一定の範囲内で地方自治を認める規定を設くべきである。

b　この政策を実現するために、次の諸点を要求すべきである。

（1）国会が都道府県や市町村等の内部事項について立法できるのは、その法律が、全都道府県もしくは同じカテゴリーの市町村等の全部に一律に適用される場合、または当該都道府県

(10) 閣僚となるべき者を指名して天皇に奉答することは、国会の専権に属するものとすること

(11) 支出の承認は、12カ月の期間についてのみなされ、かつ予算の成立後18カ月後にはその効力を失うものとすること。年度を超える歳出予算の承認を禁ずること

(12) 国会に、統治のすべての部門の活動について調査をなす権限を与えること。国会は証人を喚問し、宣誓の上供述せしめる権限を有すべきこと。国会はまた、最高の裁判所に対して、職務執行強制令状、職務執行禁止令状、権限開示令状の発給を求めることができるものとすること

(13) 国会が、国会の名において活動する委員会にその権限を委任することが許される場合には、委任される権限は、立法権以外のものに限ること

行政権

(14) 行政部は、一切の国法の執行をなす権限を有するものとすること。国会の定める範囲内で法の執行のための規則を設けることはできるが、自由刑であれ財産刑であれ、この規則で罰則を設けることはできないとすること

司法権

(15) 最高の裁判所は、憲法および法律の解釈並びに民事刑事の裁判に関しては、天皇の唯一の代表者であるとすること。検察官は、行政部の代表者であつて、天皇の代表者ではないものとすること

(16) 最高の裁判所は、行政事件を含む一切の争訟について管轄権を有するものとすること

総説

（1）憲法は国の最高の法であり、すべての国務に関する行為は憲法によつて規制されること

（2）憲法改正手続については、国民の代表者の同意を改正の要件とすること

（3）国会の停会を命ずるという天皇の権限は、年1回しか行使しえぬものとし、停会期間は、例えば30日というような短い期間をもつて限度とすること。国会の解散を命ずるという天皇の権限は、年1回しか行使しえぬものとし、解散があつたときは直ちに（例えば30日以内に）総選挙を行ない、総選挙後直ちに新しい国会を召集すべきものとすること

（4）選挙で選ばれた国会議員のみが、国政について直接天皇に助言を与える地位につきうるものとすること

（5）政府の権力を、立法権、行政権、司法権に分け、三権はそれぞれの分野を独占するものとすること。またそれぞれの権限を委任することは許されないものとすること

立法権

（6）立法部は一院でも二院でもよいが、全議員が公選により選ばれなければならないこと

（7）立法部は、次の事項につき専属的権限を有すべきこと。すなわち、課税、貨幣の鋳造、国庫からの支出および金銭の借入れ、軍備の量の決定、俸給の基準の決定、条約の批准、憲法改正の承認、弾劾の訴追とその審判

（8）国会の休会については、その回数および期間の双方について制限を設くべきこと

（9）国務大臣でありまた諸種の行政機関の責任ある長である閣僚は、公選による議員であるべきであり、内閣は、議院に対して責任を負い、不信任案が可決されたときは〔議院を〕解散しなければならないとすること

握する過程において、このような小規模の改革をあつさりと葬つてしまつた。軍国主義者達は、前述のような憲法外の諸機関、特にそのうち天皇に直接助言を与える地位にあるものを利用して、短期間に政治を完全に掌握し、下院までも支配しえたのであつた。

c　これら憲法外の諸機関の廃止を命令することも可能であるが、このような方法では、これらの機関が一時的に排除されるに終わるだけであり、民意に応える統治機関が生まれることにはならない。

3．結論

封建的、権威主義的傾向を改め、民主主義的傾向を強化するための統治機構の変更のうち最も恒久的な方法は、一番基本的な文書——この場合には憲法——の中で、政府の組織の全面にわたつてはつきりとした文書で規定を設けておくことである。このような憲法改正が、占領終了後廃止されることもありうるが、その場合でも、勅令で統治機構を改めた場合に比べれば、廃止がより難しいであろう。また憲法は、天皇によつて発布されることになるから、国民によつて非常に尊重されるであろう。

4．提案

a　憲法の全面的改正がなさるべきであり、そこでは、それぞれ立法権、司法権、行政権を行使する3つの部門が、分立すべきである。

b　天皇に直接助言を与える地位にある機関で憲法の枠外にあるものは、すべて廃止さるべきである。またこのような機関の創設を禁止する規定を、憲法の中に設くべきである。

c　天皇に直接助言を与えるのは、国民に直接責任を負う地位にある若干の官吏に限らるべきである。

d　これらの提案を実現するため、今後どのような憲法案が提案されようとも、その案には以下の条項を設けるよう要求すべきである。

影響力をもつており、特に近年は、内閣の行動をコントロールしているといつてもよいくらいであつた。枢密院は、いかなる意味においても、人民またはその代表者の意思に対して応えるというものではない。

（5）貴族院　貴族院の構成は、勅令によつて定められている。貴族院は、人民またはその代表者に対して責に任ずるものではない。民選の院〔衆議院〕を通過した法案も、貴族院によつてその成立を妨げられうる。貴族院は、貴族と多額納税者を代表するものである。

b 「天皇ハ国ノ元首ニシテ統治権ヲ総攬」する（憲法第4条）。天皇には、立法権、行政権、陸海軍の編成権、統帥権、宣戦・講和の権、外交関係を処理する権限が属しており、これに対する制約は重要でないものばかりである。天皇の地位が重要であるために、天皇の諮問に答える責任を負う地位にある者が、国政に大きな影響力をもつことになる。aで前述したように、天皇に助言を与える地位にある人々の多くは、国民に対し責任を負わない立場にある。

c　占領の目的の達成のためには、民主主義的な目標を鼓吹し、国の統治機関中存続を許さるべきものは何かを決め、かつ日本人がこれまでの封建的、権威主義的傾向を修正する方向に向うように統治形態を変更することを支援すべきである。

2．説明

a　民主主義的な傾向が伸長すべきであるという立場に立つ限り、御前会議と枢密院は、存続を認めてはならない。国民が天皇に対してその意思を表明することを妨げる封建的な存在という点では、これらの機関は、内大臣という官職と変わりはない。

b　1920年代の始めに日本の政治が民主主義に向いつつあつた時期に、陸海軍大臣は現役の大将中将でなければならないという要件が、短期間廃止されたことがある。軍国主義者達は、権力を掌

附属文書　B

国民に対して応える政府

1．事実

a　現行制度のもとでは、憲法の枠外で組織され、いかなる意味においても国民の意思に応えることのない、多くの統治機関、政策決定機関が存在する。(その中には、非常に影響力の大きいものもある。) これらの機関のうち若干のものをあげると、

（1）御前会議　これは全く成立法上の根拠を欠く機関であるが、国の最重要政策はここで決定される。戦争を始める前には、通例御前会議が開かれる。御前会議の構成は、天皇に対し最も近い助言者の地位にある人々によつて決定され、国民はこの点についてなんらの発言権をも有していない。

（2）内大臣　この官職は、すでに日本側により自発的に廃止されている。

（3）内閣　閣僚は法の執行の責任を負う地位にあるにもかかわらず、国民に対する関係でも、その代表者に対する関係でも、これに応えるというものではない。内閣総理大臣の選任は、重臣——例えば内大臣——の助言に従い、天皇が行なう。こうして任命された内閣総理大臣が、他の国務大臣を選ぶのである。内閣は、立法についても影響力の大きい地位にあり、行政についてはこれを完全に掌握している。内閣の組織は、憲法の定めによつて規制されてはいない。陸海軍大臣は、現役の大将または中将でなければならないという要件があり、これによつて陸軍省海軍省は、内閣の構成をコントロールし、一国の政策を決定しえたのである。

（4）枢密院　この機関もまた、憲法による規制を受けない。枢密院は、天皇に対する特別の助言者として行動するものであり、条約の批准について決定権を有するために、外交に対して大きな影響を与えている。枢密院は、内閣に対して大きな

る権利があること。同一の犯罪につき二重の危険にさらされることがないこと。自己に不利益な証言をするよう強制されないこと。もしこれら被疑者の権利が侵されたときは、被疑者は釈放され、彼に対する訴追は、棄却さるべきこと。この棄却は、一事不再理の効果を生ずるものとすること

(10) 人身保護令状の救済を受ける権利を与え、戦時を除きその停止を許さぬものとすること

b　憲法に次の事項についての規定を入れることが望ましいが、必ず入れなければならないというものではない。

(1) プライヴアシーの権利。特に警官による盗聴と私宅の頻繁な訪問を禁ずること。後者については、法律の定めのある場合を除く

(2) 中学校以上の教育機関は、その教科課程と教育内容について政府の規制を受けないこと。大学と学問に関する事項については、文部省その他政府の行政機関が干渉しないこと

(3) 国、府県、市町村がそれぞれ課税する場合を除き、同一の財産権に二重に課税しないこと

(4) 暴力、強制または誘導によつてえた自白は証拠として採用しえないものとすること。共犯者の証言のみで、補強証拠なしに、有罪判決をしないこと。

　アジヤン・プロヴオカツール〔相手方に潜入し、煽動して犯罪を犯させ、それを機に弾圧をはかるために送られる密偵〕の証言は、法廷で証拠として採用しえないものとすること。(〔原〕註記) 日本の刑事裁判は、拷問によつてえられた自白に依拠するところが大きいこと、および政府の批判者に犯罪を犯させるようアジヤン・プロヴオカツールを用いることで、悪名高いものがある。

2．説明

大日本帝国憲法は、相当な永続性をもつ政治上の文書であり、改正の可能性の最も少ないものである。この憲法は、1889年に発布されて以来改正されたことがない。もし憲法が、前述の諸権利を天皇の明示の意思であるとして明確に保障すれば、将来、軍国主義的または極端な国家主義的グループがこれらの自由を制限することは、より困難になるであろう。特に、これらの権利の実現を、独立性を有する司法部に委ねる場合には、そうである。

3．提案

a　憲法改正案には、次の諸権利を保障する権利章典が含まれていなければならないものとすること

（1）信教の自由

（2）思想、言論、出版および集会の自由

（3）不正に対する救済を求めて政府機関または官吏に請願する権利

（4）通信の秘密

（5）私有財産は、合理的な補償が払われるのでない限り、公共のために用いられることはないということ

（6）その意に反する苦役に服せしめることを禁ずること。これには、労賃を前払いした上一定期間強制的に労働させることの禁止を含む。(〔原〕註記）未成年の娘を一定期間身売り奉公させるのを禁ずることを目的としたもの

（7）権限のある裁判所の発した令状なしに、逮捕され、あるいは私宅の捜索を受けることがないこと。逮捕については、現行犯を追跡する場合、捜索については、逮捕の際になされる場合を除く

（8）事後処罰法は無効であるとすること

（9）被疑者は無罪の推定を受けること。弁護士を依頼する権利が逮捕の時から認められること。迅速かつ公開の審理を受け

と

c　このような憲法には、3に列挙したような言語道断の弊風をなくなすよう、以下の附属文書に掲げるような諸規定が設けらるべきであること

（1）附属文書A　権利章典

（2）附属文書B　国民に対して応える政府

（3）附属文書C　地方に責任を分与すること

5．ここに示した結論と提案は、動かすべからざるものというわけではない。この文書の目的は、憲法の権威や政府の代表者と会談する際の基礎になるような一応のチエック・リストを示すことにある。憲法改正の提案があつた際には、それは全体として解釈さるべきであり、ここに述べた提案がとり入れられているとかとり入れられていないとかいうことだけで、その改正提案の妥当性を判断してはならない。

ラウエル

陸軍少佐

附属文書　A

権利章典

1．事実

a　現行憲法は、「法律の範囲内で」という限定附においてのみ、逮捕、審問、処罰および捜索を禁じ、また信教の自由、言論、集会の自由および請願の権利を認めている。そのため、行政府は、憲法が保障しようとした権利を制限または剥奪する命令を制定することができるのである。

b　占領の目的を達成するための基本政策には、民主主義的傾向の助長と権力主義的傾向の修正ということが含まれている。信教の自由、思想、言論、出版および集会の自由は、占領軍の安全に反しない限り、保障さるべきである。

を彼等の目的遂行に奉仕せしめることができたのは、このような権限の濫用によつてである。これらの手段には、公文書を調べればすぐわかるものもあるが、実際の運用を知らないとわからないものもある。

2．以下の提案は、全くの仮のものである。この提案の基礎となつた材料は、一部には個人に面接してえたものもあるが、大部分は文書の形になつているものである。日本の憲法についての権威――特に自由主義的傾向を有するといわれている人人――と会談を重ねて、さらに調査をすすめることは、非常に必要であると考える。

3．日本において民主主義的な傾向が伸長するためには、次のような弊風を抑止することが必要である。

a　個々の市民の権利が実効性をもつて保障されていないこと

b　天皇に助言を与える地位にあるが、国民の意思には責任を負わない憲法外の機関が、認められていること

c　軍隊の兵力、組織および予算が、天皇の直接の統制下に置かれていること

d　裁判所が、天皇の意思の代表者としての裁判官によつてではなく、同じく天皇の意思の代表者とされる検察官によつて支配されていること

e　政府の機能のすべてについて、憲法による規制が欠けていること

f　政府が国民の意思に対し責任を負わないこと

g　行政府が立法権を行使しうること

h　憲法改正権が国民に与えられていないこと

i　地方制度の面での中央集権

4．3で述べたような弊風をなくすための措置として、次のことを提案する。

a　憲法を改正する必要のあること

b　憲法改正案は、総司令部の承認したものでなければならないこ

11　枢密院の廃止
12　国民発案および一般投票による憲法改正の規定

出典：総司令部の作成した「日本の政治的再編成」

❖ 松本4原則

1　天皇が統治権を総攬せられるという基本原則には、なんらの変更を加えないこと。
2　議会の議決を要する事項の範囲を拡充すること。その結果として、大権事項をある程度削減すること。
3　国務大臣の責任を国務の全般にわたらしめ、憲法上天皇補弼の責任をもたないものの介在する余地なからしめること。同時に、国務大臣は議会に対して責任を負うものたらしめること。
4　人民の自由及び権利の保護を拡大すること。すなわち、議会と無関係な立法によつて自由と権利を侵害しえないようにすること。また、この自由と権利の侵害に対する救済方法を完全なものとすること。

出典：憲法調査会報告書

❖ 総司令部民政局法規課長ラウエルのレポート
（日本の憲法についての準備的研究と提案）
連合国最高司令官総司令部　1945年12月6日

1．統治作用の実際を分析した結果、数多くの権限の濫用があつたことが判明した。過去20年間、軍国主義者達が政治を支配し、これ

ゆる国家が暴力行使を放棄すべきであると信ずる。自国国境をこえて侵略の脅威を与え、もしくはその可能性のある国々による、陸海空軍軍事力の使用が止まぬ限り、将来の平和は維持しえないのであるから、一般的安全保障のより広範かつ恒久的機構の確立はさしおき、かかる国々の武装解除がまず必要不可欠であると両国は信ずる。両国はまた、平和愛好国民に対し耐え難い重荷となる軍備を軽減させるためには、他のあらゆる実際的手段に協力しこれを奨励するものである。

フランクリン・D・ローズヴエルト
ウインストン・S・チヤーチル
1941年8月14日

出典：原文はHenry S. Commager, ed., Documents of American History, 5th ed., 1949 II, p.634を参照

❖最高司令官附政治顧問アチソン大使の指示した憲法改正の12項目

1　衆議院の権威、特に予算に対する権威の増大
2　貴族院の拒否権の撤回
3　議会責任原理の確立
4　貴族院の民主化
5　天皇の拒否権廃止
6　天皇の、詔勅、命令による立法権の削減
7　有効な権利章典の規定
8　独立な司法府の設置
9　官吏の弾劾ならびにリコールの規定
10　軍の政治への影響まつ殺

❖ 大西洋憲章

アメリカ合衆国大統領並にイギリス連合王国の政府を代表するチヤーチル首相は、両者の会談に基き、ここに共同宣言を行い、世界によりよき将来をもたらすための両者の念願の基礎となるべき、各各の国の政策における若干の共通原則を世に知らしめることを適当とする。

1　英米両国は領土的にも、他のいかなる意味においても、自らの拡張を欲するものではない。
2　両国は関係諸国民の自由に表明された希望に即せぬ限り、いかなる領土的変更をも望まない。
3　両国はすべての国民がかれら自身の政治形態を選ぶ権利を尊重する。また両国は強制的に主権と自治とを剥奪された国民に対し、これらが回復されることを望む。
4　両国はその現存の国家的責務の許す限り、大国小国を問わず、勝利者と被征服者とを問わず、すべての国家に対し同等の条件において、諸国の経済的繁栄に必要とされる通商と、世界の資源に対する入手手段とを、より自由に享受させるべく努力する。
5　両国はすべての国家に、労働基準の改善、経済発展並に社会保障をもたらすべく、より完全な経済上の相互協力を実現することを欲する。
6　ナチ暴政の最後的撃滅の後に、両国はすべての国民が、各各自らの領土内で安全な生活をいとなむための、またこの地上のあらゆる人間が、恐怖と欠乏からの自由のうちにその生命を全うするための保証となる、平和を確立することを願う。
7　このような平和は、すべての人民に公海と大洋とを妨害されることなく航行することを許すものでなければならない。
8　両国は精神的のみならず実際的理由によつてしても、世界のあら

七、右ノ如キ新秩序カ建設セラレ且日本国ノ戦争遂行能力カ破砕セラレタルコトノ確証アルニ至ルマテハ聯合国ノ指定スヘキ日本国領域内ノ諸地点ハ吾等ノ茲《ここ》ニ指示スル基本的目的ノ達成ヲ確保スルタメ占領セラルヘシ

八、「カイロ」宣言ノ条項ハ履行セラルヘク又日本国ノ主権ハ本州、北海道、九州及四国並ニ吾等ノ決定スル諸小島ニ局限セラルヘシ

九、日本国軍隊ハ完全ニ武装ヲ解除セラレタル後各自ノ家庭ニ復帰シ平和的且生産的ノ生活ヲ営ムノ機会ヲ得シメラルヘシ

十、吾等ハ日本人ヲ民族トシテ奴隷化セントシ又ハ国民トシテ滅亡セシメントスルノ意図ヲ有スルモノニ非サルモ吾等ノ俘虜《ふりよ》ヲ虐待セル者ヲ含ム一切ノ戦争犯罪人ニ対シテハ厳重ナル処罰加ヘラルヘシ日本国政府ハ日本国国民ノ間ニ於ケル民主主義的傾向ノ復活強化ニ対スル一切ノ障礙ヲ除去スヘシ言論、宗教及思想ノ自由並ニ基本的人権ノ尊重ハ確立セラルヘシ

十一、日本国ハ其ノ経済ヲ支持シ且公正ナル実物賠償ノ取立ヲ可能ナラシムルカ如キ産業ヲ維持スルコトヲ許サルヘシ但シ日本国ヲシテ戦争ノ為再軍備ヲ為スコトヲ得シムルカ如キ産業ハ此ノ限ニ在ラス右目的ノ為原料ノ入手(其ノ支配トハ之ヲ区別ス)ヲ許可サルヘシ日本国ハ将来世界貿易関係ヘノ参加ヲ許サルヘシ

十二、前記諸目的カ達成セラレ且日本国国民ノ自由ニ表明セル意思ニ従ヒ平和的傾向ヲ有シ且責任アル政府カ樹立セラルルニ於テハ聯合国ノ占領軍ハ直ニ日本国ヨリ撤収セラルヘシ

十三、吾等ハ日本国政府カ直ニ全日本国軍隊ノ無条件降伏ヲ宣言シ且右行動ニ於ケル同政府ノ誠意ニ付適当且充分ナル保障ヲ提供センコトヲ同政府ニ対シ要求ス右以外ノ日本国ノ選択ハ迅速且完全ナル壊滅アルノミトス

出典：外務省編『日本外交史年表並主要文書』下巻

❖ポツダム宣言（日本国ノ降伏条件ヲ定メタル宣言）
1945年7月26日ポツダムに於いて発表

一、吾等《われら》合衆国大統領、中華民国政府主席及《および》「グレート・ブリテン」国総理大臣ハ吾等ノ数億ノ国民ヲ代表シ協議ノ上日本国ニ対シ今次ノ戦争ヲ終結スルノ機会ヲ与フルコトニ意見一致セリ

二、合衆国、英帝国及中華民国ノ巨大ナル陸、海、空軍ハ西方ヨリ自国ノ陸軍及空軍ニ依ル数倍ノ増強ヲ受ケ日本国ニ対シ最後的打撃ヲ加フルノ態勢ヲ整ヘタリ右軍事力ハ日本国カ抵抗ヲ終止スルニ至ル迄同国ニ対シ戦争ヲ遂行スルノ一切ノ連合国ノ決意ニ依リ支持セラレ且《かつ》鼓舞セラレ居ルモノナリ

三、蹶起《けっき》セル世界ノ自由ナル人民ノ力ニ対スル「ドイツ」国ノ無益且無意義ナル抵抗ノ結果ハ日本国国民ニ対スル先例ヲ極メテ明白ニ示スモノナリ現在日本国ニ対シ集結シツツアル力ハ抵抗スル「ナチス」ニ対シ適用セラレタル場合ニ於《おい》テ全「ドイツ」国人民ノ土地、産業及生活様式ヲ必然的ニ荒廃ニ帰セシメタル力ニ比シ測リ知レサル程更ニ強大ナルモノナリ吾等ノ決意ニ支持セラルル吾等ノ軍事力ノ最高度ノ使用ハ日本国軍隊ノ不可避且完全ナル壊滅ヲ意味スヘク又同様必然的ニ日本国本土ノ完全ナル破壊ヲ意味スヘシ

四、無分別ナル打算ニ依リ日本帝国ヲ滅亡ノ淵ニ陥レタル我儘ナル軍国主義的助言者ニ依リ日本国カ引続キ統御セラルヘキカ又ハ理性ノ経路ヲ日本国カ履ムヘキカヲ日本国カ決意スヘキ時期ハ到来セリ

五、吾等ノ条件ハ左ノ如シ

吾等ハ右条件ヨリ離脱スルコトナカルヘシ右ニ代ル条件存在セス吾等ハ遅延ヲ認ムルヲ得ス

六、吾等ハ無責任ナル軍国主義カ世界ヨリ駆逐セラルルニ至ル迄ハ平和、安全及正義ノ新秩序カ生シ得サルコトヲ主張スルモノナルヲ以テ日本国国民ヲ欺瞞《ぎまん》シ之ヲシテ世界征服ノ挙ニ出ツルノ過誤ヲ犯サシメタル者ノ権力及勢力ハ永久ニ除去セラレサルヘカラス

年	月/日	出来事
	6/29	日本共産党、「日本人民共和国憲法（草案）」を決定（7.8に発表）
	7/2	極東委員会、「日本の新憲法についての基本原則」を採択
	8/1	芦田、特別委員会の小委員会で9条2項の「芦田修正」を行う。その他、9条、25条1項にも修正が行われる
	8/24	衆議院、帝国憲法改正案を修正可決
	8/26	貴族院に帝国憲法改正案を上程
	9/23	総司令部より66条2項の修正要求。衆議院での修正を経て、貴族院で可決
	10/7	日本国憲法、帝国議会を通過
	10/17	極東委員会、「日本の新憲法の再検討に関する規定」を採択
	11/3	日本国憲法公布
1947（昭21）	1/3	マ元帥、吉田首相宛の書簡で、憲法施行1、2年を目途に改正を認めると述べる
	5/3	日本国憲法施行。皇居前広場で記念式典

年	月/日	出来事
1946（昭21）		松本国務相・吉田茂外相、ホイットニーを訪ね、総司令部案に沿って改正案を作成するにあたって問題点について会談
		幣原首相、総司令部案の提示を受けたことと、これに対処する内閣の方針について天皇に上奏
	2/24	日本社会党、「新憲法要綱」を発表
	2/26	閣議において、総司令部案全体の訳文をはじめて配布。松本国務相、入江俊郎法制局長官・佐藤達夫法制局第一部長の協力を得て総司令部案に沿った改正案を起草することとなる
		極東委員会第1回会議を開く
	3/2	総司令部案に沿った改正案脱稿（3月2日案）
	3/4	総司令部の強い催促により、3月2日案を提出
	3/5	民政局、直ちにこれを英訳し、日本側と徹夜で検討。改正案を決定
		閣議において、部分ごとに総司令部での検討をそえて逐次送られてくる改正案を検討し決定
		マ元帥、改正案を承認
		幣原首相、松本国務相と共に天皇に経過を上奏
	3/6	天皇の勅語、幣原首相の謹話とともに「憲法改正草案要綱」を発表
		総司令部、日本政府の発表と同時に、憲法改正案の英文をマ元帥の支持の声明とともに発表
	3/10	総選挙公示
	4/10	総選挙施行（自由党141議席、進歩党94議席、社会党93議席など）
	4/17	条文の形に整えた「帝国憲法改正草案正文」を発表
	5/3	東京裁判開廷
	5/22	第1次吉田茂内閣成立
	5/25	政府憲法草案、衆議院に上程
	5/28	憲法草案、衆議院本会議から特別委員会（芦田均委員長）に付託
	6/20	憲法改正案を第90議会に提出
	6/21	米政府、「日本の軍備撤廃及び非軍事化に関する条約案」を一般に公表

年	月/日	出来事
1946 （昭21）	1/1	天皇、人間宣言
	1/7	米政府、憲法改正の指針を最終的に定める「日本の統治体制の改革」（SWNCC-228）を決定
	1/11	マ元帥、SWNCC-228を受領
		ラウエル、憲法研究会案に対する所見を作成
	1/21	日本自由党、「憲法改正要綱」を発表
	1/24	幣原首相、マ元帥を訪問し、戦争放棄等について会談
	1/30	閣議において松本案の検討を始める
		マ元帥、訪日中の極東諮問委員会の委員と会談
	1/31	極東諮問委員会の委員、帰途につく
	2/1	毎日新聞、「憲法問題調査委員会試案」を掲載
		民政局、マ元帥に対し憲法改正について最高司令官が（極東委員会との関係において）有する権限について検討した結果を提出（2.1メモ）
		民政局、日本政府に対し毎日新聞が掲載した案が松本案かどうかを質し、そうではないとの回答を受け、至急松本案を提出するよう要求
		マ元帥、報道された案が松本案であるとの推定に立ち、松本案を拒否する詳細な回答書の作成を命ずる
	2/3	マ元帥、総司令部で改正案を作成することを決定し、案の眼目とすべき原則を示す（マッカーサー・ノート）
	2/8	松本案を総司令部に提出
	2/12	総司令部案（マツカーサー草案）成る
	2/13	民政局長ホイットニー、吉田外相・松本国務相を外相官邸に訪ね松本案を承認できないとし、総司令部案を提示
	2/14	日本進歩党、「憲法改正案要綱」を発表
	2/19	閣議において松本国務相が、総司令部より憲法案が示されたことを初めて明かし、安倍能成文部相が不満を表明
	2/21	幣原首相、マ元帥を訪ね、総司令部案を提示した趣旨を質す
	2/22	閣議において総司令部案にそって改正案を作成する方針を決定

年	月/日	出来事
1945（昭20）		総司令部、人権指令を発出
	10/8	最高司令官附政治顧問アチソン大使、近衛に対し憲法改正の項目を説明（爾後5回に渡って）
	10/9	幣原喜重郎内閣成立。吉田茂外相、松本烝治国務相
	10/11	近衛、佐々木惣一京大教授と共に内大臣府御用掛に任ぜられ、憲法改正の調査に着手
		マ元帥、幣原首相に憲法改正を指示
	10/17	アチソン大使、憲法改正に関する国務長官訓令を受領
	10/24	国連憲章発効・国際連合成立
	10/25	幣原内閣、憲法問題調査委員会（松本委員会）を設置
	10/26	米紙に、マ元帥が近衛を新憲法の起草者に選んだことを批判する記事が掲載される
	10/27	松本委員会、第1回総会を開いて発足
	10/30	極東諮問委員会第1回会議を開いて発足（ソ連不参加）
	11/1	総司令部、近衛の憲法改正作業は総司令部とは無関係、と声明
	11/11	日本共産党、「新憲法の骨子」を発表
	11/22	近衛、「帝国憲法改正要綱」を天皇に上奏
	11/24	佐々木案を天皇に奉呈
	12/6	総司令部民政局法規課長ラウエル、日本の憲法についての準備的研究と提案を作成
		総司令部、近衛を戦争犯罪人に指名
	12/8	松本烝治国務相、第89議会で憲法改正の4原則を表明（松本4原則）
	12/16	近衛、荻窪の自宅で服毒自殺
	12/18	衆議院解散
	12/26	極東諮問委員会、日本の占領状態の視察に出発
		憲法研究会、「憲法草案要綱」を発表
	12/27	モスクワ外相会議、極東諮問委員会を改組し（ソ連を加え、権限を強化）、極東委員会及び対日理事会を設置する共同コミュニケを発表

日本国憲法制定関連年表

年	月/日	出来事
1939 (昭14)	9/3	第2次世界大戦勃発
1940 (昭15)	9/27	日独伊三国同盟条約調印
1941 (昭16)	4/13	日ソ中立条約調印
	6/22	独ソ開戦
	8/14	大西洋憲章発出
	12/8	太平洋戦争開戦
1943 (昭18)	1/14〜24	カサブランカ会議
	11/27	カイロ宣言発出
1945 (昭20)	2/4〜11	ヤルタ会談
	5/7	ドイツ降伏
	6/22	日本、ソ連に和平の仲介を依頼することを決定
	7/26	連合国(米・華・英)、ポツダム宣言発出
	7/28	鈴木貫太郎首相、「ポツダム宣言を黙殺」と発表
	8/6	広島に原子爆弾投下
	8/8	ソ連、対日宣戦。ポツダム宣言に加わる
	8/9	長崎に原子爆弾投下
	8/10	日本、条件付きでポツダム宣言を受諾する旨、連合国に打電
		連合国最高司令官にマッカーサー元帥が任命される
	8/15	天皇、終戦の詔書を放送
	8/17	東久邇宮稔彦内閣成立
	8/28	連合国軍の進駐始まる
	8/29	米政府、日本降伏後の米国の初期対日方針をマ元帥に通達
	8/30	マ元帥、厚木着
	9/2	降伏文書調印
	9/13	マ元帥、近衛文麿と初会談
	9/27	天皇、マ元帥を訪問
	10/4	マ元帥、近衛と2度目の会談。憲法改正を示唆

［編者略歴］
庄司克宏（しょうじ・かつひろ）

慶應義塾大学大学院法務研究科教授（Jean Monnet Chair *ad personam*）
ジャン・モネEU研究センター所長
1990年慶應義塾大学法学研究科博士課程単位取得退学。二松学舎大学国際政経学部専任講師、同助教授、横浜国立大学大学院国際社会科学研究科助教授、同教授等を経て現職。1995年より日本EU学会理事（2006～09年、理事長）、1996～97年までケンブリッジ大学ヨーロッパ法研究センター客員研究員、2010～11年まで日EU関係有識者委員会委員など。
主著に『欧州連合 統治の論理とゆくえ』（岩波新書）、『新EU法 基礎編』『新EU法 政策篇』（ともに岩波書店）、『はじめてのEU法』（有斐閣）、『欧州の危機 Brexitショック』（東洋経済新報社）などがある。

日本国憲法の制定過程
――大友一郎講義録

二〇一七年九月一九日　初版第一刷発行

編者　庄司克宏
発行者　千倉成示
発行所　株式会社 千倉書房
〒一〇四-〇〇三一
東京都中央区京橋二-四-一二
〇三-三二七三-三九三一（代表）
http://www.chikura.co.jp/

印刷・製本　精文堂印刷株式会社
造本・装丁　米谷豪

ISBN 978-4-8051-1120-8 C3032

表象の戦後人物誌

御厨貴 著

戦後史を表象する人物の足跡をたどり、我々の人生をすっぽりと覆うほど長い「戦後」の変遷と変質に迫る。

❖ 四六判／本体 二四〇〇円＋税／978-4-8051-0912-0

「普通」の国 日本

添谷芳秀＋田所昌幸＋デイヴィッド・ウェルチ 編著

「日本が普通の国になる」とはどのような状況を指すのだろう。それは可能なのか、望ましいのか、世界はどう見るのか？

❖ 四六判／本体 二八〇〇円＋税／978-4-8051-1032-4

日本は衰退するのか

五百旗頭真 著

悲観してはならないが楽観も許されない。国際的に厳しい舵取りを迫られる日本政治・外交に、歴史という指針を示す時評集。

❖ 四六判／本体 二四〇〇円＋税／978-4-8051-1049-2

表示価格は二〇一七年九月現在

千倉書房